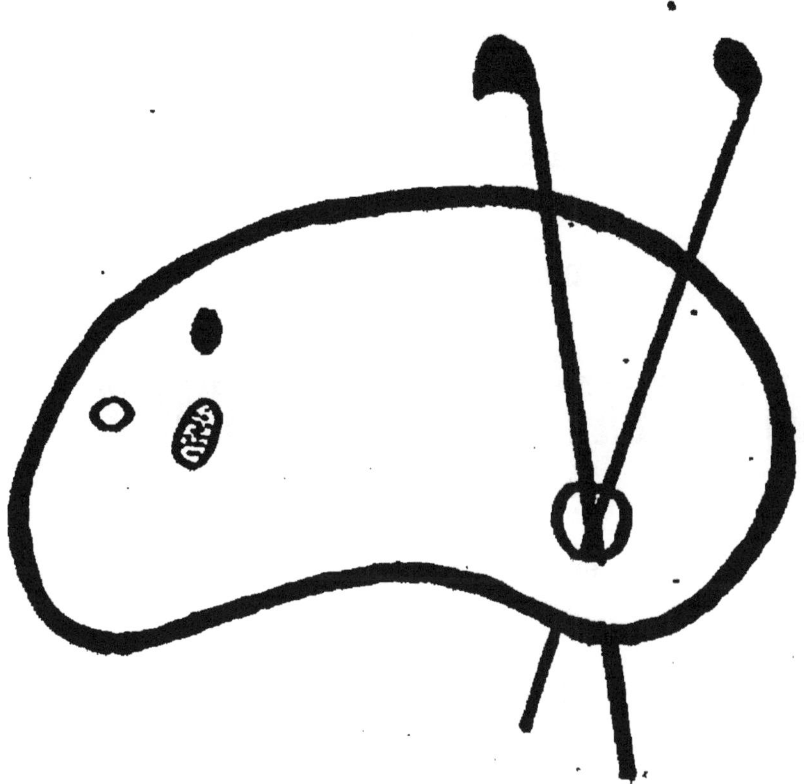

DEBUT D'UNE SERIE DE DOCUMENTS
EN COULEUR

FACULTÉ DE DROIT DE PARIS

DROIT ROMAIN

DU CONTRAT PER NUNCIUM

DROIT FRANÇAIS

DU CONTRAT PAR CORRESPONDANCE

THÈSE POUR LE DOCTORAT

PAR

Maurice AUBERT
Avocat à la Cour d'appel.

PARIS
A. DURAND ET PEDONE-LAURIEL, ÉDITEURS
LIBRAIRES DE LA COUR D'APPEL ET DE L'ORDRE DES AVOCATS
G. PEDONE-LAURIEL, SUCCESSEUR
13, RUE SOUFFLOT, 13
1893

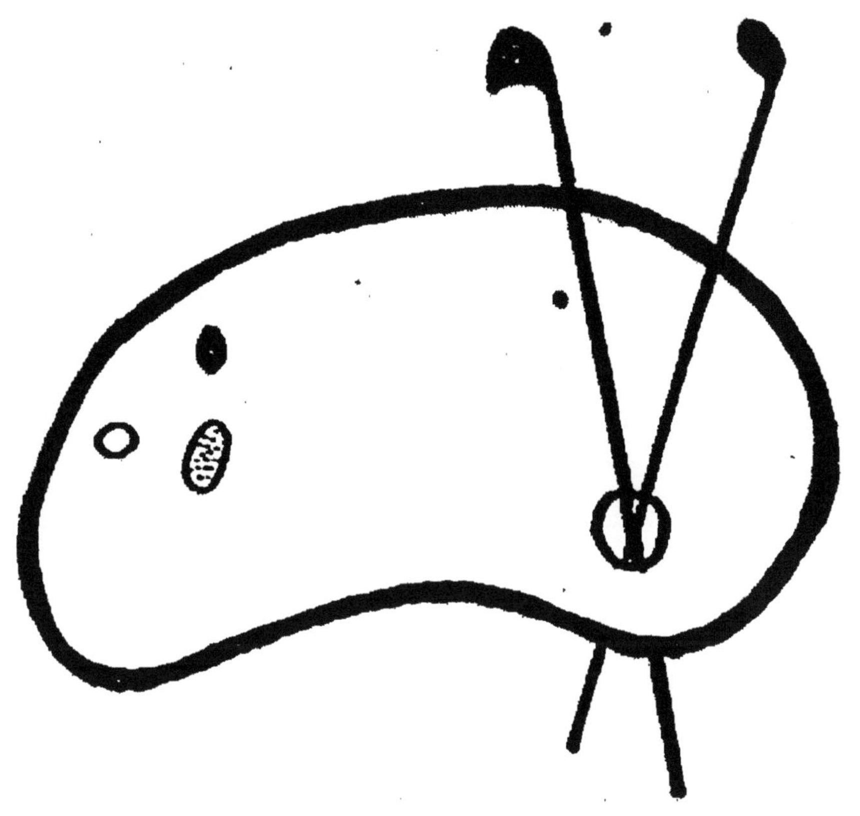

FIN D'UNE SÉRIE DE DOCUMENTS
EN COULEUR

THESE

LE DOCTORAT

8° F
7526

DROIT ROMAIN

DU CONTRAT PER NUNCIUM

DROIT FRANÇAIS

DU CONTRAT PAR CORRESPONDANCE

THÈSE POUR LE DOCTORAT

L'ACTE PUBLIC SUR LES MATIÈRES CI-DESSUS
Sera soutenu le mardi 21 mars 1893, à une heure

PAR

Maurice AUBERT
Avocat à la Cour d'appel.

Président : M. BOISTEL, *professeur.*

Suffragants MM. JOBBÉ-DUVAL, *professeur.*
MASSIGLI, *professeur.*
SAUZET, *agrégé.*

PARIS
A. DURAND ET PEDONE-LAURIEL, ÉDITEURS
LIBRAIRES DE LA COUR D'APPEL ET DE L'ORDRE DES AVOCATS
G. PEDONE-LAURIEL, SUCCESSEUR
13, RUE SOUFFLOT, 13

1893

A MES PARENTS

DU CONTRAT PER NUNCIUM

AVANT-PROPOS ET PLAN

Nuncius, dit Festus (*de Verborum significatione*), *et res ipsa et persona dicitur*. A Rome on donne le nom de *nuncius* au message lui-même et au messager. C'est de ce dernier seul que nous nous occuperons. Les jurisconsultes du reste emploient peu le terme *nuncius* pour désigner la commission dont le messager est chargé (1). Beaucoup de textes parlent au contraire du *nuncius* considéré comme messager ; ces textes sont épars. Les jurisconsultes romains ne se sont jamais occupés en effet qu'incidemment du *nuncius* à propos des divers actes de la vie juridique. Ils n'ont pas sur ce sujet émis de théorie d'ensemble.

Le *nuncius* était, avec la lettre, le seul moyen pratique de faire un véritable contrat entre absents.

(1) Voir cependant Loi 1, § 1, D. *de procuratoribus et mandatoribus* (III.3) où le mot *nuncius* est pris dans les deux sens.

On contractait entre absents *vel per nuncium vel per epistolam*.

La lettre était remise à un ami, à une personne dont on louait les services, à un esclave. Celui-ci drenait dans ce cas le nom de *tabellarius*. Il y avait bien à Rome un service de poste parfaitement organisé ; mais ce *cursus publicus*, malgré son nom, n'était pas à l'usage du public. L'empereur seul pouvait s'en servir.

Les particuliers correspondaient encore par le *nuncius*. Celui-ci, nous le verrons, pouvait être salarié. Divers contrats intervenaient entre lui et son expéditeur.

Nous essayerons de découvrir par le rapprochement des divers textes qui parlent du *nuncius* l'idée que les Romains s'en faisaient. Une chose est certaine, c'est qu'à Rome le contrat entre absents, par messager ou par lettre, était beaucoup moins fréquent qu'aujourd'hui le contrat par correspondance. Les Romains, au début, n'ont même pas connu le contrat entre absents, en particulier le contrat *per nuncium*. Juridiquement, nous le verrons, il était impossible ; économiquement il n'aurait répondu à aucun besoin. Et puis les Romains n'avaient-ils pas d'autres moyens de contracter étant absents ? De plus le contrat par correspondance prend surtout de l'importance dans un pays où la civilisation étant très avancée, la multiplicité des intermédiaires fait naître chaque jour des questions nouvelles. Or, ces intermédiaires à Rome se sont toujours réduits au *nuncius* et à la lettre.

Mais tout d'abord nous montrerons ce qu'était à Rome le contrat entre absents. Nous verrons quand, de quelles circonstances et pour satisfaire à quels besoins le *nuncius* est né. Nous prouverons que tant au point de vue économique qu'au point de vue juridique Rome a dû arriver fatalement à l'idée du contrat entre absents.

Qu'était le *nuncius*, quel était exactement son son rôle ? Nous dirons comment un auteur moderne, M. de Savigny, a voulu fort ingénieusement s'en servir pour saper les bases de la théorie universellement admise de la non-représentation dans les actes juridiques. Nous verrons le *nuncius* opérant dans les divers actes de la vie juridique à Rome et nous essayerons enfin de montrer que les jurisconsultes romains avaient eu au moins l'idée de quelques-uns des problèmes qui se posent aujourd'hui au sujet des contrats par correspondance.

CHAPITRE I

APERÇU GÉNÉRAL SUR LE CONTRAT ENTRE ABSENTS A ROME.

La loi des douze Tables s'exprimait ainsi (1):
« *Ni pagunt in comitio aut in foro ante meridiem causam conjicito quom perorant ambo præsentes.* » S'il n'y a pas de transaction, l'exposé de la cause doit avoir lieu avant midi au *comitium* ou au *forum*, contradictoirement entre les plaideurs présents tous deux. Ce fragment du plus ancien monument d'ensemble de la législation romaine met en lumière ce principe de la Rome primitive : tout se passe entre présents. Et *l'ambo præsentes* de la loi des douze Tables s'applique aussi bien à la confection du contrat qu'à la comparution des plaideurs en justice.

Au début Rome ne connaît donc pas le contrat entre absents. On ne traite pas à distance. Comment expliquer que les anciens Romains ne se soient pas soustraits à cette règle souvent gênante

(1) Livre I, Par. VI.

de la présence des deux parties et n'aient pas apporté quelque exception à cet *ambo præsentes* qui domine tous leurs actes primitifs?

Une première raison vient de l'exiguité de Rome elle-même, une seconde du formalisme de la législation romaine. La vie des affaires étant peu intense, la nécessité de contrater par l'intermédiaire du *nuncius* ne se faisait pas sentir ; tous les citoyens pouvaient se connaître et se rencontrer facilement. De plus les anciens Romains ne s'occupant que d'agriculture et vivant des produits de cette agriculture même, il n'y avait pas d'expansion commerciale.

Le formalisme, avons-nous dit en outre, interdisait l'usage du *nuncius.* Comment en effet pouvait-on contracter?

Il n'existe alors qu'un mode de contrat, mode solennel et exigeant la présence des deux parties. C'est la solennité par la pièce d'airain et la balance, *per æs et libram.* Elle porte les noms de *nexum*, de *mancipium*, de *mancipatio.* C'est là la forme qui fonctionne pour la création comme pour l'extinction ou la modification d'un droit. Par elle la propriété est transmise ; par elle est acquise la puissance sur l'homme libre ou sur la femme. Le testateur l'emploie, le débiteur en use pour se lier ou se délier envers son créancier. Or, cette forme est essentiellement solennelle ; elle exige avant tout que les

parties soient présentes. Comment procède-t-on ?
Un *libripens* tient la balance : cinq citoyens représentant les cinq classes censitaires servent de
témoins ; les parties en présence l'une de l'autre
piononcent des paroles solennelles dont l'absence
rend le contrat nul ; le métal est pesé et le contrat
est ainsi formé. Cette législation est si rigoureuse
que l'accord même des parties ne validerait pas un
contrat fait en dehors de toutes ces formalités.

Mais Rome ne tarda pas à s'étendre ; le commerce
se développa ; il fut dès lors impossible de vivre
resserré dans les formes de l'ancien droit. Les citoyens romains ne se contentèrent plus de·contracter
entre eux. Ils allèrent au dehors passer des marchés. Journellement le Romain en arriva à s'abou-
cher avec le Latin, le Carthaginois, l'habitant de
l'Asie. Ces transactions qui au début n'existaient
pas, prirent tous les jours plus de développement.
Allait-il donc toujours être nécessaire que les parties fussent en présence pour que la convention pro-
duisit son effet ? Le commerce n'aurait pas été
possible si un tel formalisme eût subsisté.

Mais n'y avait-il pas dans l'organisation juridique de Rome un moyen de contracter hors de la
présence des parties. Les Romains contractaient
par leurs fils ou leurs esclaves. Grâce à eux peut-on
prétendre que le contrat entre absents était possible ?

Remarquons-le bien tout d'abord : les contrats entre absents eussent été ainsi le monopole du *paterfamilias*. A leur point de vue, tout autre personne eût été incapable puisque le *paterfamilias* seul acquérait par ses fils et ses esclaves. Et encore quelle sécurité pouvait-on avoir à pratiquer ce mode de contrat? Les esclaves acquéraient à l'insu du maître, ils ne pouvaient que l'enrichir. *Melior conditio nostra per servos fieri potest, deterior fieri non potest.* Quelle confiance pouvait-on avoir dans un marché passé dans ces conditions ? Etait-on jamais sûr que la convention intervenue avec l'esclave serait valable ? Toutes les bonnes chances en étaient au *paterfamilias*, les mauvaises à son co-contractant.

D'un autre côté, dans le principe aucune acquisition ne peut être réalisée par l'intermédiaire des personnes qui ne sont pas en puissance ; *nihil per extraneam personam nobis adquiritur.* Le droit de créance n'appartient qu'à celui qui a figuré dans l'obligation, celui-là seul est débiteur qui par lui-même a pris part à l'acte juridique destiné à créer le lien de droit. C'est le *représentant* qui est créancier ou débiteur du tiers avec lequel il a contracté même au nom du *représenté* et non celui-ci.

Cette rigidité dans les principes juridiques ne tarde pourtant pas à s'affaiblir.

Pour égaliser la situation du *paterfamilias* pour lequel une personne en puissance a contracté et celle de son co-contractant, le préteur crée les actions *de peculio, tributoria, quod jussu, de in rem verso,* qui font cesser cet état bizarre tout à l'avantage du *paterfamilias.*

Il crée les actions *exercitoria* et *institoria* en matière commerciale et ainsi le mandant, dans les cas spéciaux pour lesquels ces actions apparaissent est obligé comme le mandataire, qui au début l'était seul.

Il étend enfin au civil les dérogations apportées au commerce en donnant en cas de mandat des actions utiles *ad exemplum institoriæ actionis.*

Malgré cela le principe de la non-représentation dans les actes juridiques a toujours subsisté. La personnalité du mandataire ne disparut pas même dans le dernier état du droit. Le tiers, au lieu d'avoir comme au début un seul débiteur, le mandataire en a deux : le mandataire et le mandant (1).

---

(1) Il y a une seule exception certaine à la possibilité de poursuivre le mandataire : c'est le cas du tuteur ou du curateur après la reddition de leurs comptes. Ils peuvent par exception arrêter les actions dirigées contre eux du chef du pupille ou du *furiosus.* «... *Nam tutores curatoresque finito officio non esse conveniendos ex administratione pupillorum vel adolescentium sæpe decretum est.* » L. 1, fr. C. *Quando ex facto tutoris vel curatoris uniores agere vel conveniri possunt* (Liv. V, Tit. XXXIV) et au D. L. 5, (XXVI 9).

Il peut poursuivre le mandant mais il a également une action contre le mandataire.

Il en est de même dans le cas où l'*extranea persona* a acquis un droit de créance. Certes son mandant peut poursuivre le tiers avec lequel elle a contracté mais ce n'est pas par l'action directe du contrat mais bien par une action utile en vertu d'une cession réelle ou fictive (1). Si pratiquement ici on est arrivé au même résultat que si la représentation avait été admise, juridiquemment l'ancienne règle persiste et ce respect qu'en ont les derniers jurisconsultes eux-mêmes montre assez combien elle était profondément enracinée et réellement vivace.

Les Romains, dit M. Labbé (2), n'ont jamais admis le principe de la représentation parfaite d'une personne par une autre ; si le préteur a corrigé les inconvénients de la règle contraire du droit civil, s'il a essayé de faire rejaillir sur le mandant les conséquences des actes du mandataire, il s'est bien gardé de rendre le mandataire étranger aux suites d'une opération qu'il a conduite parfois à ses dépens.

Voilà donc comment les Romains pouvaient contracter par leurs fils, leurs esclaves ou leurs mandataires. En même temps qu'eux existait-il des

(1) Loi 13 § 23 au Dig. XIX, 1.
(2) Ortolan. Appendice IX au Livre III.

intermédiaires opérant comme aujourd'hui la lettre missive et le messager qui sont les véritables facteurs du contrat entre absents ?

Au début les mœurs romaines, les conditions économiques de la cité n'en réclamaient pas l'intervention. La loi voulait que tout se passât entre présents et il n'y avait aucun besoin de se soustraire à des formalités qui semblaient pourtant bien gênantes. Au point de vue commercial le secours de l'intermédiaire inanimé et du porte-paroles ne se faisait pas sentir.

Ce sont l'extension du commerce et l'affaiblissement des vieilles formes quiritaires concomitants au changement des idées juridiques sur la cause des obligations qui amènent le *nuncius* et le contrat entre absents. La défaveur dans laquelle tombent ces anciennes formes et ce changement dans les idées ne sont, au reste, que la conséquence de la multiplicité des affaires. A mesure qu'un peuple s'étend, plus il prend d'expansion, plus en un mot ses relations extérieures varient et plus l'œuvre du législateur doit être de faciliter ces relations. Si au début le formalisme le plus rigoureux avait été dans les opérations juridiques, c'est que pour un peuple aussi peu nombreux que l'était celui de la Rome primitive, il était excellent. Le législateur se méfiait des manifestations de la volonté des parties. Il les avaient entourées de formalités. Il évitait ainsi les procès et facilitait singulièrement la preuve des conventions. Les besoins économiques pouvaient seuls porter une atteinte sérieuse à ce formalisme si favorable à un petit peuple qui se suffisait à lui-même.

Ce sont eux qui ont fait naître véritablement le contrat entre absents *vel per litteram vel per nuncium.*

Mais, à quelle époque celui-ci était-il né ? La possibilité de faire un acte juridique entre absents a dû être d'abord admise pour la possession. Le plus ancien jurisconsulte qui ait parlé de cette possibilité traitait de la possession. (V. Loi 51, D. *de adq. vel amitt. possessione*). Ce jurisconsulte est Labéon qui vivait au temps d'Auguste. Notons que Labéon est un novateur et qu'il y a dans ce fait une raison de plus pour nous de croire qu'il est le premier qui se soit occupé des actes juridiques possibles entre absents. Labéon, dit *Pomponius,* (1) dont l'opinion est rapportée par M. Labbé (2), doué d'un esprit ingénieux et plein de confiance dans sa doctrine, versé dans les connaissances des autres sciences, s'éleva à des vues nouvelles et introduisit plusieurs *innovations.*

(1) D. loi 2 § 47 (1, 2).
(2) Ortolan, 11ᵉ édition, nᵒ 362, page 289.

Mais cette idée n'a pas été admise sans contestation par les jurisconsultes romains. Ceux-ci en effet encore imbus du rigorisme des anciens principes ne pouvaient pas facilement se faire à la conception d'un acte juridique passé hors de la présence des parties (1).

Mais la distinction qui fut faite au sujet de la possession facilita singulièrement cette innovation.

N'avait-on pas en effet séparé l'*animus* et le *corpus*, l'élément intentionnel de l'élément corporel et déclaré que l'*animus* suffisait pour qu'il y eût possession ? Quoi de plus simple que le *nuncius* appréhendât alors le *corpus* ?

Au troisième siècle cette théorie de l'acquisition de la possession entre absents n'est plus contestée.

Excepto eo, est-il dit aux Instilutes (fr. 5, *Per quas personas nobis adquiritur* II. 9), *quod per liberam personam, veluti per procuratorem, placet non solum scientibus, sed et ignorantibus nobis adquiri possessionem, secundum divi Severi constitutionem, et per hanc possessionem etiam dominium, si dominus fuit qui tradidit, vel usucapionem aut longi temporis præscriptionem, si dominus non sit.*

Sous Justinien même, à cause de la disparition de l'*in jure cessio* et de la *mancipatio*, la propriété peut être toujours acquise, les parties étant absentes.

(1) Gaius, C. II, § 95.

— 13 —

Labéon a donc été le promoteur de cette théorie
en matière de droits réels. C'est encore lui qui l'a
émise pour les droits de créance et qui a établi la
possibilité de les acquérir entre absents. Paul au D.
loi 2, de pactis (II, 14) rapporte l'opinion de Labéon
et dit : *Labeo ait convenire posse vel re, vel per epistolam, vel per nuncium inter absentes quoque posse.* Labéon, dans ce texte, affirme bien que la convention est
possible entre absents par les deux intermédiaires
de la lettre ou du *nuncius, vel per epistolam, vel per
nuncium.*

Juridiquement, au temps de Labéon, l'apparition
du contrat entre absents s'explique fort bien. On ne
prenait plus alors exclusivement la cause de l'obligation dans les paroles solennelles, dans l'écriture.
La cause de l'obligation pouvait être le consentement même des parties. Le simple consentement
suffisait pour former le contrat. Le principe, dont
les législations modernes ont fait un principe
général et prépondérant, était né et avec lui la possibilité du contrat entre absents.

L'un est intimement lié à l'autre. Il s'agit d'un
pacte dans le texte de Labéon, mais les contrats
consensuels n'étant que des pactes que le législateur
avait munis d'actions, le texte leur est parfaitement
applicable.

Ce sont en effet les contrats consensuels qui peuvent véritablement être faits entre absents par lettre ou par messager. Si dans les autres contrats le *nuncius* intervient, ce n'est qu'à titre d'accessoire ; il n'a pas dans leur formation, non plus du reste que la lettre, un rôle prépondérant. En étudiant le rôle du *nuncius* dans les divers actes de la vie juridique, nous montrerons cette différence entre les contrats consensuels et les autres contrats.

Les contrats entre absents ne sont donc véritablement nés qu'avec les contrats consensuels. Avant ces derniers, les Romains avaient connu le contrat *verbis* et le contrat *litteris*. Il est hors de doute que le premier était impossible entre absents puisqu'il nécessitait la présence des parties. Le second lui-même ne pouvait être véritablement fait entre absents, bien que Gaius dise : (C. III, § 138) *absenti expensum ferri potest*. Les parties absentes pouvaient bien, au moyen de la lettre ou du messager, s'entendre sur les préliminaires du contrat, en poser les bases. Mais la convention n'était pas ainsi obligatoire. Le lien de droit entre le créancier et le débiteur ne naissait que du fait par le créancier de porter l'écriture sur son codex.

L'idée du contrat entre absents est donc bien inséparable de l'idée du consentement pris comme cause de l'obligation. Le développement de cette dernière amène celui des intermédiaires, le *nuncius* et la lettre. Aujourd'hui qu'elle est fondamentale dans notre législation, les contrats entre absents sont possibles sans aucun doute et fréquents. A mesure qu'à Rome son champ d'application s'est étendu, le nombre des contrats entre absents a grandi. Nous verrons pour la même raison les intermédiaires fort usités dans les pactes, dans le pacte de constitut principalement, si bien quesous Justinien, si le nombre en a toujours été limité à deux, la lettre et le *nuncius*, il n'en est pas moins certain que l'usage en était courant et que depuis longtemps déjà leur intervention était incontestée.

L'existence des seuls contrats solennels au début avait rendu impossible le contrat entre absents. Celui-ci est né avec le contrat consensuel et s'est développé parallèlement à lui.

CHAPITRE II

Il est donc certain qu'au temps d'Auguste, le contrat entre absents était possible à Rome au moyen
de la lettre ou du *nuncius*. Laissant de côté le premier intermédiaire pour nous occuper uniquement
du second, objet de notre étude, nous nous poserons
tout d'abord une question.

La représentation n'a jamais été admise même
dans le dernier état du droit en matière de droits
de créance, sauf dans quelques rares exceptions qui
ont été signalées. La règle *nihil per extraneam personam nobis adquiritur* a donc toujours existé pour les
droits de créance. Comment, malgré cette règle,
l'intervention du *nuncius* était-elle possible ?

Prenons une hypothèse. Un habitant de Rome
qui veut faire un marché avec un latin lui envoie
un *nuncius*. Par l'intermédiaire de ce *nuncius* un
contrat se forme entre les parties. N'est-ce pourtant

pas là un cas d'application de la règle *nihil per extraneam personam nobis adquiritur ?*

Paul répond victorieusement à cette objection dans la loi 15, D. de *pecunia constituta* (XIII, 5). Voulant expliquer et appuyer une affirmation d'Ulpien qui prétendait que le constitut était possible *per nuncium* (1), il dit : Et *licet libera persona sit per quam tibi constitui, non erit impedimentum quod per liberam personam, adquirimus, quia ministerium tantummodo hoc casu præstare videtur.* Et bien que la personne pour qui je vous ai fait un constitut soit libre, on ne peut pas objecter que nous acquérons *per liberam personam,* attendu que cette personne ne fait que prêter son ministère (2). Cette personne qui prête simplement son ministère, c'est le *nuncius.* Juridiquement, il n'agit pas. Voilà bien la raison qui le permet, malgré le principe de la non-représentation.

Qu'était-ce donc que le *nuncius ?* Le *nuncius* n'est pas en effet un véritable mandataire ou plutôt ce sera souvent un mandataire mais non chargé de faire un acte juridique (3). Le maître (4) ne l'em-

(1) L. 14, D. de *pecunia constituta* (XIII, 5).

(2) Voir encore L. 24, § 2 *de usuris* où il s'agit d'un *nuncius : Nec hoc casu per liberam personam adquiri videtur, sed officium impleri.*

(3) Un mandataire pouvait être constitué pour remplir un mandat non juridique. Gaius, C. III, § 162.

(4) Le maître dans le cours de cette étude est toujours, à moins d'indication contraire, celui qui se sert du *nuncius.*   2

ploie pas comme un mandataire ordinaire : c'est un simple agent de transmission de sa volonté ne remplissant pour ainsi dire qu'une fonction machinale. Le *nuncius* est un intermédiaire animé, évoluant entre deux personnes absentes. Il ne peut rien faire suivant son arbitre et son idée ; il doit seulement annoncer les choses qui lui ont été confiées ; il doit simplement prêter sa personne, sa voix ; son seul pouvoir est de remplir la commission dont il a été chargé. Le *nuncius* n'achète pas, ne vend pas, ne contracte pas, mais il annonce que celui qui l'envoie achète, vend, contracte. Considéré comme un simple instrument, il doit porter à la partie auprès de laquelle il est envoyé les paroles de celui qui l'envoie et rapporter à son *expéditeur* la réponse de celle-ci. Sa mission se borne là. Juridiquement il ne fait rien, il ne peut rien.

Ministerium tantummodo præstat, avait dit Paul. Les anciens auteurs ont habillé cette idée du jurisconsulte romain d'expressions vives et imagées.

Alciat (1) le peint d'une façon originale : *nuncius est enim tanquam pica et organum domini.*

Pour Bartole c'est un porte-voix : *organum quo mediante vox unius vadit in alium. Nuncius, organum vivum*, ajoute Lauterbach (2) qui rapporte l'opinion de Bartole.

(1) Sur Loi XXXVIII, D. *de verborum obligationibus.* Col. 510, n° 13. *Alciati operum*, T. II (Basileæ, 1532).

(2) De *nuncio*, Cap. XXXVIII, page 242. *Dissertationum academicarum volumen III (Tubingæ, Anno 1778).*

Pour d'autres le *nuncius* est celui qui porte dans sa bouche *in ore suo* à un autre les paroles du maître, celui qui relate l'intention du maître dans la forme où elle lui a été manifestée.

Certains auteurs le comparent à la lettre. C'est une lettre qui parle, dit Cujas, *Nuncius est epistola loquens* (1).

Les jurisconsultes romains eux-mêmes l'ont constamment rapproché de la lettre semblant ainsi vouloir bien indiquer son véritable rôle. Nous rencontrons souvent dans les textes les expressions *vel per epistolam, vel per nuncium* et il semble que c'était bien là à Rome la seule façon d'envisager le contrat entre absents. Ce contrat pouvait se faire par deux intermédiaires, la lettre et le *nuncius* et ces deux intermédiaires étaient exactement sur le même pied : au point de vue juridique l'un ne pouvait pas plus que l'autre. De cette considération que l'un était inanimé tandis que l'autre était au contraire animé, les Romains n'avaient tiré aucune conséquence. Certaines conventions, certains actes pouvaient être passés *per epistolam vel per nuncium* et il n'y avait pas de différence entre les actes possibles *per epistolam* et ceux qui l'étaient *per nuncium*, les Romains pouvant à leur choix se servir de la

(1) Sur Liv. IV, tit. 50 au Code. Col. 385, tome IX (Neapoli, 1772).

lettre ou du messager. Ce n'étaient donc pas deux
contrats par correspondance différents mais deux
moyens divers donnés aux absents de contracter, en
un mot deux variétés d'intermédiaires.

Aujourd'hui le nombre de ceux-ci est grand —
lettre missive, télégraphe, téléphone, etc.; — à Rome
il était limité à deux : la lettre et le *nuncius*.

Quand nous parlons du contrat *per nuncium*, il
ne faut pas y voir — la même chose se passe en
droit français du reste quand il s'agit de contrat
par correspondance — un genre spécial de contrat. L'intervention du *nuncius* n'est qu'une circonstance particulière dans la vie des contrats : mais des
conséquences diverses peuvent découler de cette
intervention même : ce sont ces conséquences que
nous allons essayer de découvrir par l'analyse de la
fonction du *nuncius* et des faits auxquels elle peut
donner naissance.

Il importe tout d'abord de faire une distinction
entre cette fonction et la manière dont le *nuncius* est
constitué. Il peut intervenir en effet entre le *nuncius* et celui qui l'envoie différentes sortes de contrats qui n'ont du reste aucune influence sur le
caractère même du *nuncius* : celui-ci, quelle que soit
la manière dont il a reçu sa commission, n'est
jamais qu'un porte-paroles. Il s'agit de rechercher
seulement ici les contrats qui peuvent intervenir

entre le *nuncius* et son maître, d'établir les relations qui existent entre eux à l'occasion du message dont le *nuncius* est chargé, contrats et relations auxquels le tiers vers qui le *nuncius* est envoyé reste absolument étranger.

Entre le *nuncius* et le maître il y a un mandat si le *nuncius* n'est pas rétribué, un louage d'ouvrage s'il reçoit une *merces*, un contrat innomé, *do ut facias*, si un certain avantage lui est fait en retour de la prestation de son ministère. Une stipulation est également possible entre eux. *Nunciare promittis-ne?* interroge le maître. *Promitto*, répond le *nuncius*. Il est avant tout utile de constater les différents modes de constitution du *nuncius* afin de bien établir les actions qui peuvent compéter au maître en cas d'inexécution de la commission. Le *nuncius* refuse-t-il son ministère ? Le maître aura contre lui l'action même du contrat par lequel il a été constitué. L'a-t-il été *per mandatum?* Il exercera contre lui l'action *directa mandati*. Est-ce *per conductionem ?* L'*actio locati*. Par contrat innomé ? L'action *præscriptis verbis*. *Per stipulationem ?* L'action *ex stipulatu*. Mais par ces actions le maître ne pourra pas forcer le *nuncius* à s'exécuter ; des dommages-intérêts lui seront seulement alloués. Dans le cas d'un contrat innomé, *do ut facias*, si l'exécution forcée reste aussi impossible que dans les autres hypothèses, nous laisserons pourtant au maître le choix de demander des dommages-intérêts par l'action *præscriptis verbis* ou de répéter ce qu'il a donné par la *condictio causa data, causa non secuta.*

Des actions compétent également au *nuncius* du chef du contrat qu'il a fait avec le maître. Constitué par mandat il a dû, pour l'exécution de sa mission, débourser des frais ; pour s'en faire indemniser, il aura l'action *mandati contraria.* Si le maître a loué ses services en lui promettant une *merces* et qu'il refuse de la lui payer, il pourra l'y contraindre par l'action *conducti.*

Le *nuncius,* avons-nous dit, n'est qu'un intermédiaire, juridiquement comparable à la lettre. *Nuncius est epistola viva,* disait Epictète. Il s'ensuit que le contrat est bien réellement formé entre le maître et le tiers auquel le *nuncius* est envoyé. La cause efficiente de l'obligation est la volonté de l'expéditeur ; l'obligation naît de la rencontre des paroles du maître proférées par le *nuncius* et du consentement du tiers. Pour apprécier la validité du contrat au point de vue de la capacité des parties contractantes, la personne du *nuncius* doit être mise à part. Peu importe que celui-ci soit capable ou incapable, pubère ou impubère, en tutelle ou en curatelle, le contrat n'en sera pas moins valable. Un individu privé d'intelligence peut être un excellent *nuncius.*

De même ce sont les consentements du maître et du tiers que seuls il faut avoir en vue et non celui du *nuncius*. Tertius par exemple se présente à Secundus porteur soi-disant de paroles de Primus qui doivent amener la conclusion d'un contrat. Or, Primus ne connaît pas Tertius ; il ne lui a jamais donné aucun ordre. Secundus accepte. Nous pensons qu'aucune obligation ne naît puisque le consentement de l'une des parties, Primus, fait défaut et qu'il ne peut ainsi y avoir concours de volontés. Pour cette raison, nous ne croyons pas que Primus puisse ratifier l'acte du soi-disant messager Tertius. Comment ratifier en effet un contrat qui n'existe pas ? Un contrat pourra naître pourtant du fait de la ratification, mais ce sera un contrat nouveau qui prendra date du jour de la ratification et non du jour où le messager Tertius s'est abouché avec Secundus.

Reprenons l'hypothèse d'un *nuncius* qui s'attribue faussement cette qualité. Secundus a payé de bonne foi ce qu'il devait à Primus, au faux *nuncius* Tertius. Secundus est-il libéré ? En général, il ne le sera pas et la raison en est que de même que Tertius n'a pas pu faire naître l'obligation sans le consentement du maître, il ne peut pas non plus l'éteindre.

Nous distinguerons cependant entre le cas où le débiteur Secundus est débiteur de choses *in genere* ou de quantité et celui ou il est débiteur d'un corps certain.

Dans la première hypothèse, Secundus n'est pas libéré, qu'il ait ou non une faute à se reprocher (1). Qu'a fait le *nuncius* Tertius, sinon un *furtum*? (2). Or, par le vol le débiteur d'une chose *in genere* n'est pas libéré. Et il en serait de même si Secundus était débiteur de quantité.

S'agit-il d'un débiteur de corps certain? S'il avait une juste cause de croire aux paroles du faux *nuncius*, il est libéré. Mais comment apprécier cette juste cause? Il suffit en général qu'un tel débiteur soit exempt de dol et de faute lourde (3). Il y a certains cas pourtant — cas de vente ou de gage par exemple — où nous exigerons que le débiteur ait apporté le même soin que le *paterfamilias* diligent a l'habitude de prendre à ses affaires. Mais le débiteur libéré est tenu de céder à son créancier les actions qu'il a contre le faux *nuncius* : la *reivindicatio*, la *condictio furtiva* et l'action *furti* (3).

La juste cause a-t-elle au contraire fait défaut? Le débiteur de corps certain est tenu comme le débiteur de genre, comme celui de quantité ; c'est lui qui

(1) L. 34, § 4, au D. *de solutionibus et liberationibus* (XLVI, 3.)
(2) L. 43, § 1, au D. *de furtis*, (XLVII, 2.)
(3) L. 14 § 3 D. *de furtis* (XLVII, 2).
(4) L. 14 pr. et L. 80, pr. D. *de furtis* (XLVII, 2).

supportera le dommage causé par le fait du faux *nuncius*.

On pourrait prétendre que la ratification du maître était possible en s'appuyant sur le texte suivant d'Ulpien (Loi 12, § 4, D. *de solutionibus et liberationibus* (XLVI, 3) « *Sed etsi non vero procuratori solvam, ratum autem habeat dominus quod solutum est, liberatio contingit : ratio enim habitio mandato comparatur.* » « Quoique je paie à une personne qui n'était pas *procurator*, le maître peut ratifier le paiement et je suis libéré : la ratification en effet est comparée à un mandat. Voilà bien une ratification permise. Pourquoi n'en serait-il pas toujours ainsi ? Nous répondons que raisonner de la sorte serait confondre deux personnages absolument différents : le *nuncius* et le *procurator*. Certes si la ratification se produit dans le cas où c'est un soi-disant *procurator* qui s'est abouché avec le tiers, elle est valable. Pourquoi ? Sinon parcequ'un contrat s'est réellement formé entre le tiers et le *procurator*, entre personnes présentes dont le consentement mutuel a bien existé. S'agit-il au contraire d'un *nuncius* ? Nous sommes dans l'hypothèse d'un contrat entre absents et ici le contrat se formant par la rencontre de la volonté du maître et de celle du tiers, elle est impossible puisque la volonté du maître n'existe pas.

Ceci nous amène à rechercher les différences qui

peuvent exister entre le *nuncius* et le *procurator* (1).
Remarquons tout d'abord que certains textes font
une confusion de pure dénomination en donnant
nom de *procurator* à certaines personnes qui ne sont
en réalité que des messagers. C'est comme *nuncius*
qu'une telle personne doit être traitée, non comme
procurator.

La loi 21 pr. au D. *de pignoribus et hypothecis* (XX, 1)
nous donne un exemple de cette confusion. Un pacte
d'hypothèque est fait entre mon fermier et mon *procurator* ; ce pacte est valable, dit le texte, « *quasi
inter me et colonum meum convenisse videtur* ». Pourquoi en est-il comme si j'avais traité moi-même avec
mon fermier, sinon parce que le jurisconsulte considère ce *procurator* comme un véritable *nuncius*

(1) Il ne faut confondre ni le *procurator*, ni le *nuncius* avec le proxénète. Celui-ci différait du *procurator* en ce qu'il ne contractait pas,
du *nuncius* en ce qu'il n'était pas l'envoyé proprement dit de l'une
ou de l'autre des parties contractantes, chargé d'une mission
non juridique. Le rôle du proxénète, qui était une espèce de
courtier, consistait à mettre en rapport une ou plusieurs personnes
pour les faire contracter ensemble. Ulpien le met en parallèle avec
le mandataire. *Si proxeneta intervenerit*, dit-il, Loi 2, D. *de proxene-
ticis* (L. 50 T. 14) *faciendi nominis ut multi solent, videamus an possit
quasi mandator teneri. Et non puto teneri, quia hic monstrat magis nomen
quam mandat, tametsi laudet nomen. Idem dico et si aliquid philanthropi
nomine acceperit : nec ex locato conducti erit actio. Plane si dolo et
calliditate creditorem circumvenerit, de dolo actione tenebitur.* C'était,
au Bas empire surtout, un agent matrimonial. La loi 6 au Code *de
sponsalibus* (V. 1) l'autorise à convenir qu'il lui sera attribué en cas
de mariage le vingtième de la dot et de la donation *propter nuptias*,
jusqu'à concurrence de dix livres d'or.

malgré le nom qu'il lui donne? Nous verrons en effet que dans les pactes l'intermédiaire du *nuncius* est possible et même fréquent.

Le *procurator* n'est pas comme le *nuncius* un simple porte-paroles. Il ne rapporte pas simplement les paroles du maître ; souvent même il ne met pas en jeu la personne de son maître. Mais il fait quelque chose de plus : il administre ses affaires (1), de telle façon que parlant en son propre nom ou au nom de son mandant, par la force même du mandat, bien que ce soit *procuratorio nomine*, il contracte et il est personnellement obligé ; au début il l'est même seul. Il s'ensuit qu'à la différence de ce qui se passe dans le contrat *per nuncium*, le contrat *per procuratorem* est bien réellement fait entre le *procurator* et le tiers avec lequel celui-ci avait mandat de contracter. Le contrat *per procuratorem* est un contrat entre présents, *per nuncium*, entre absents. Mais, dira-t-on, comment le tiers saura-t-il s'il a affaire à un *nuncius* ou à un *procurator* dans le cas où tous les deux se présenteront de la part du maître? Le tiers devra pour cela prendre garde au but dans lequel le mandataire lui a été envoyé. Celui en effet qui constitue un *nuncius* ne le charge pas de contracter pour lui ; il lui confie seulement son consentement avec charge de le porter à

____

(1) L. 1, pr. D. *de procuratoribus et defensoribus* (III, 3).

l'autre partie. Le *procurator* au contraire a mandat de contracter. Le tiers, en un mot, se trouve-t-il en présence d'une personne porteur d'un mandat juridique? Cette personne est un *procurator*. Celle-ci a-t-elle un mandat non juridique ? C'est un *nuncius*. Le *procurator*, quand il entre en rapport avec le tiers, a l'intention de s'obliger ; cette intention le *nuncius* ne l'a pas ; dans le contrat *per nuncium*, en effet, c'est le maître qui a cette intention, le consentement du *nuncius* n'a aucune valeur. Le tiers auquel il se présente ne le considère du reste pas autrement que comme un porte-paroles. A lui *nuncius* il ne promet rien ; de lui il ne veut rien acquérir. Il traite avec lui pour ainsi dire en contemplation de son maître avec lequel il contracte réellement. Et réciproquement, personnellement le *nuncius* ne s'engage pas. Une vente a-t-elle été faite *per nuncium* et l'acheteur vient-il à être évincé? Il pourra attaquer le maître son vendeur par l'action *empti* ; mais en cas d'insolvabilité du maître il sera sans recours contre le *nuncius*. Il en est tout autrement si au lieu d'un *nuncius* nous avons devant nous un *procurator !* Celui-ci promet, achète, loue pour lui-même, accepte la promesse d'un autre et cet autre lui promet, lui vend, lui loue (1). Le contrat est donc immédiatement, activement et passi-

(1) L. 1 C. *per quos personas nobis acquiritur* (L. IV, T. 27) — L. 5, §6, D. *de Pecunia constituta* (XIII, 5).

vement parfait en la personne du *procurator*, et, bien qu'il se soit engagé envers l'autre partie sous cette qualité, l'action directe lui est acquise ; elle l'est même à lui seul et le maître ne pourra s'en servir qu'après une cession réelle ou fictive. Dans le contrat *per procuratorem*, au point de vue juridique, il y a en face du tiers contractant deux personnes : le *procurator* et le maître ; dans le contrat *per nuncium* il n'y en a qu'une : le maître (1).

Toute personne en résumé qui a chez les Romains affaire avec un *nuncius* ne doit pas avoir en vue le *nuncius* mais celui qui l'envoie. Le *nuncius* n'est qu'un instrument par lequel le maître émet ses paroles. Il remplit, dit M. Accarias (2), une fonction machinale et joue le même rôle que chez nous le télégraphe et le téléphone.

(1) Il y a quelque analogie entre la situation du *nuncius* comparé au *procurator* et celle de l'*adjectus solutionis gratia* mis en parallèle avec l'*adstipulator*.

(2) Cours de Pandectes 1889-1890.

CHAPITRE III

Pour la grande majorité des auteur, nous l'avons
vu, le *nuncius* n'est qu'un instruments. *Nuncius præstat vicem epistolæ et non contrahit*, dit encore Cujas (1).
Pour M. de Savigny il est tout autre. Le savant auteur
élargit en effet le rôle du *nuncius* ; pour lui ce n'est
plus un simple porte-paroles, une personne à qui on
confie une mission non juridique. Il fait du *nuncius* un
véritable représentant, il lui permet de parler au nom
du maître de telle façon que, contractant pour celui-
ci, il n'est pourtant pas obligé du fait du contrat
comme le mandataire romain. Le *nuncius* de M. de
Savigny oblige son maître sans s'obliger, acquiert
pour lui une obligation sans la retenir par devers
soi.

M. de Savigny introduit dans la législation
romaine la représentation dans les actes juridiques, attaquant ainsi la doctrine de la non-

(1) Sur Liv. IV, Tit. 50 au Code, *loc. cit.*

représentation universellement admise avant lui
par tous les romanistes (1) et rétrécissant le champ
de cette dernière sans pourtant la répudier. Pour
lui, à Rome les deux principes étaient appliqués. Il
ne conteste pas qu'au début celui de la non-représentation fût sans exception ; peu à peu il s'est trans-
formé et à une certaine époque qu'il ne peut bien
déterminer (2), l'idée contraire de la représentation
est arrivée à une telle maturité que l'on peut affir-
mer véritablement la coexistence des deux principes.

Comme point de départ, M. de Savigny divise les
conventions en solennelles et en non solennelles
(§ 52). Il énumère les conventions non-solennelles ;
ce sont les contrats consensuels, les contrats réels,
le constitut, le simple pacte ; les autres qu'il ne
nomme pas sont solennelles. Il donne du reste un
criterium pour reconnaitre les conventions non
solennelles ; le seul fait décisif est chez elles la

(1) Baldus semble pourtant s'être fait du *nuncius* une idée à
peu près identique à celle qu'en a M. de Savigny. Il admet, en
effet, qu'il peut prendre une grande initiative. Cette théorie lui
valut même une réplique assez vive de Lauterbach : « *Sua sponte
sequitur*, dit cet auteur, *nuncium cum libera constitutione magis procuratorem quam rerum nuncium esse, sicut fatetur ipse Baldus. in hoc
uti in multis aliis sibi contrarius* » (*De nuncio*, c. II, page 221).

(2) Au temps de Pomponius ou de Modestin ou même seulement
sous Justinien. *Droit des obligations*. Traduction Gérardin et
Jozon, § 56, page 193.

manifestation de volonté ; peu importe la façon dont cette manifestation est faite ; pour les juger il faut donc simplement prendre garde à l'intention des parties et il en conclut à la possibilité de les faire à distance par lettre ou par *nuncius*.

Dans les premières, par conséquent, à cause de leur solennité même, il n'y a pas de *nuncius* possible ; dans les secondes seules, il apparaît. Mais comment M. de Savigny le fait-il agir ? Après avoir affirmé qu'il n'était qu'un simple porteur de volonté étrangère, qu'il devait être assimilé à une lettre vivante, il arrive par une suite d'exemples habilement gradués, à en faire un véritable représentant semblable au mandataire d'aujourd'hui ; il lui laisse dans la confection du contrat la plus grande initiative et ainsi apparaît son innovation très hardie : ce *nuncius* contracte au nom du maître et les actions ne s'arrêtent pas sur sa tête ; elles passent de suite sur celle de celui-ci.

Partant de cette idée qu'il ne cesse de répéter, à savoir que la lettre étant un instrument privé de connaissance et de volonté, il en est incontestablement de même du *nuncius*, M. de Savigny cite un premier exemple absolument topique, nous n'en disconvenons pas ; nous n'en avons pas nous-même cité d'autres quand nous avons voulu montrer le rôle du *nuncius*. Voici cet exemple .

« Ainsi, dit-il, je veux acheter un cheval ; le ven-

deur en exige cent ; je ne peux m'avancer jusque-là
et nous nous séparons sans conclure ; mais j'envoie
plus tard un messager avec la déclaration que j'ac-
quiesce à la demande de mon co-contractant ; ce
messager est alors porteur de ma réponse affirmative sans qu'il sache de quoi il est question ; il est
donc un instrument privé de connaissance et de
volonté absolument comme une lettre. »

Certes nous sommes du même avis. Le *nuncius*
ici *præstat nudum ministerium*; c'est bien le perroquet
d'Alciat et ce n'est pas autre chose.

Dans le second exemple même, nous suivons
encore M. de Savigny. Il fait pourtant un pas en
avant quand il s'exprime ainsi :

« Quand je dis au messager de quoi il est question,
ce n'est plus simplement de ma réponse affirmative
mais de l'ensemble complet de ma volonté manifestée qu'il est porteur ; il n'est plus un instrument
privé de connaissance comme la lettre mais il reste
toujours privé de volonté. » Et il ajoute qu'on ne
peut douter que ce contrat soit fait comme si c'était
moi-même qui l'avais conclu. Nous n'en doutons
pas non plus. Quelle initiative laisse-t-il en effet à
ce *nuncius* ? Aucune. Quel rôle juridique lui fait-il
jouer dans la confection du contrat ? Aucun. Ce
n'est plus un instrument de connaissance comme la
lettre. Soit, mais c'est tout comme. Il n'a plus

cette attitude exclusivement passive du premier cas, mais qu'importe! Il sait ce qu'il fait, quel avantage il va procurer à son maître, par quelle obligation il va le lier; il pourra même donner au tiers vers qui il est envoyé des explications, mais ce ne sera jamais que le consentement pur et simple du maître qu'il apportera.

Dans le troisième cas, au contraire,— et ici nous faussons immédiatement compagnie à M. de Savigny — ce n'est plus un simple porte paroles, un moyen comme la lettre d'envoyer un consentement, c'est bien une personne qui contracte.

Lisons plutôt :

« Enfin je charge le messager de traiter à un prix aussi rapproché que possible de quatre-vingt-dix et de donner cependant son consentement jusqu'à cent en cas de besoin ; alors le messager n'est plus complétement sans volonté puisqu'il lui est laissé une certaine liberté de conduite. Le cas où il a été traité à cent est absolument sur la même ligne que le précédent ; s'il a été traité à quatre-vingt-dix il y a assurément eu une certaine initiative de la part du représentant. » M. de Savigny sent qu'ici la scission s'opère entre lui et la majorité des auteurs qui, comme nous, envisagent autrement le *nuncius*, puisqu'il ajoute :

« Cependant on cherchera difficilement à noter

une différence entre les deux cas en ce sens que dans le premier cas le représentant apparaîtrait comme simple messager avec effet direct du contrat à l'égard du représentant tandis que dans le deuxième cas il apparaîtrait comme fondé de pouvoirs et il naîtrait des utiles actions pour et contre le représenté. »

Cet exemple est merveilleusement choisi pour faire naître l'hésitation. C'est là en effet un cas où le *nuncius* ne semble pas encore complètement libre, mais où déjà la personne du maître n'occupe pas tout le premier plan, laissant dans l'ombre le messager. Et pourtant n'est-ce pas le véritable mandataire romain cette personne qui est chargée de faire au nom d'une autre un acte juridique, une vente, de contracter pour elle ? Nous avons essayé de montrer que la grosse différence entre le *procurator* et le *nuncius* résidait bien en ce fait que l'un était chargé d'un acte juridique, l'autre d'un acte non juridique. Si donc ici le contrat a lieu, si le cheval est acheté, l'obligation de payer naîtra, selon nous, immédiatement sur la tête du mandataire et d'autre part ce n'est que par une action *empti utilis* que le maître pourra forcer le tiers à lui livrer l'objet du contrat.

Le quatrième exemple nous donne sans contestation possible l'hypothèse d'un *procurator*. « J'ai vu, dit-il, chez un marchand, plusieurs chevaux dont

chacun paraît avoir ses avantages et ses inconvénients spéciaux. Je donne à une personne que je
sais s'y connaître mieux que moi en chevaux le mandat de choisir pour moi un cheval qu'elle considère
comme le plus convenable et de l'acheter en mon
nom, et pour cette mission je lui laisse plus ou moins
de liberté dans la détermination du prix. »

C'est encore pour M. de Savigny un messager s'il
conclut en mon nom, car malgré qu'il ait le choix
entre plusieurs contrats, c'est toujours ma volonté
dont il est porteur. Oui certes c'est toujours ma volonté dont il est porteur, mais non pas mon consentement pur ; cette volonté, en effet, il la dirige, et
c'est bien par là qu'il diffère de notre *nuncius*.

M. de Savigny donne immédiatement le criterium
qui nous permettra d'appliquer un principe ou un
autre, de distinguer le *nuncius* du *procurator*. Le
mandataire conclut-il en mon nom. Quelle que soit
l'initiative que je lui laisse, quel que soit le rôle que
je lui fais jouer dans la conclusion du contrat, qu'il
rapporte seulement mes paroles ou qu'il interprète
ma volonté dans le sens qu'il croit convenable, c'est
toujours un *nuncius*. Et pourquoi, selon M. de Savigny ? Parce que le tiers avec lequel réellement il
contracte sait bien que c'est pour moi qu'il agit.
Me démasque-t-il en un mot ? L'obligation naîtra
immédiatement en ma personne ; contre lui aucun

recours ne pourra être exercé, en cas d'éviction par exemple dans un contrat de vente, ou si je suis insovable ; il reste étranger aux conséquences juridiques du contrat. Parle-t-il au contraire en son nom propre, contracte-t-il pour lui-même sans me démasquer, en me laissant dans la coulisse ? Quoiqu'il soit mon mandataire, le contrat se forme entre lui et le tiers vers qui mandant je l'ai envoyé ; l'obligation naît immédiatement en sa personne : c'est la seule hypothèse — assez rare du reste — où le principe de la non-représentation reste debout dans les conventions non solennelles.

M. de Savigny arrive à cette conclusion par un raisonnement subtil fait d'arguments habilement choisis; mais ce n'est là qu'un raisonnement, qu'une conjecture et pour renverser un système établi sur des assises profondes et reconnu universellement, il a dû essayer de trouver un appui dans les textes. Nous ne croyons pas fondées les déductions qu'il en a tirées : nous allons le montrer rapidement.

Après avoir fait remarquer que les anciens principes étaient aussi rigoureux dans les opérations juridiques ayant les biens pour objet que dans les contrats, M. de Savigny cite un texte, selon lui fondamental, établissant la distinction qu'il fait entre les opérations solennelles et les opérations non solennelles et consacrant dans les premières le principe de la non représentation, dans les secondes celui de la représentation. Ce texte forme la loi 53 au D. *de acquirendo rerum dominio* (XLI. 1). Il est ainsi conçu : «*Modestinus libro XIV, ad Quintum Mucium. Ea quæ civiliter acquiruntur per eos qui in potestate nostra sunt, acquirimus, veluti per stipulationem* (1) ; *quod naturaliter acquiritur, sicut est possessio, per quemlibet volentibus nobis possidere, acquirimus.*» Nous acquérons par le moyen de ceux qui sont en notre puissance les choses qui sont acquises civilement comme celles qui le sont par la stipulation ; ce qui est acquis naturellement comme la possession, nous l'acquérons par n'importe quelle personne qui veuille posséder pour nous. Que prouve ce texte d'après M. de Savigny ? Deux choses ; tout d'abord qu'il y a au moment où il a été écrit deux sortes de conventions ; ensuite que dans les premières seules, les solennelles, le rôle du mandataire romain n'a pas changé, il ne représente pas son mandant ; mais que dans les dernières, les non-solennelles, une *extranea persona* peut acquérir pour nous, qui dans l'acte nous représente sans s'obliger : cette personne, c'est le *nuncius.*

M. de Savigny voit en effet entre les deux membres de phrase — *ea quæ civiliter adquiruntur ; quod*

---

(1) Notre édition porte *per stipulationem* et non *stipulationem* : les deux expressions ont du reste souvent le même sens.

naturaliter acquiritur — une opposition manifeste. Les obligations qui s'acquièrent civilement seraient formellement opposées à celles qui s'acquièrent naturellement et Modestin aurait donné comme exemple de la première catégorie celles qui résultent de la stipulation, comme exemple de la seconde, la possession.

Examinons le texte simplement ; il ne nous semble pas que ce soit ainsi qu'il doive être expliqué. Tout porte à croire, selon nous, qu'il est uniquement question ici de la propriété et des institutions qui la concernaient. La fréquence du verbe *acquirere* répété quatre fois dans cette courte phrase, la place même de la loi relatée dans un titre où il est question du *dominium* que nous pouvons avoir sur les choses (*de acquirendo rerum dominio*) en sont une preuve. M. de Savigny, prévoyant notre objection, s'empresse de dire que l'exemple de la stipulation ne s'applique pas aux opérations ayant les biens pour objet. En admettant que cette raison pût être exacte, elle serait sans force dans l'espèce : il est, en effet, très vraisemblable qu'il y a dans le texte une erreur de Tribonien qui, d'une part ne connaissant plus la mancipation qu'il trouvait dans le fragment de Modestin et, d'autre part, sachant que la stipulation était le seul mode solennel de faire naître une obligation qui subsistât, s'est contenté de remplacer *mancipationem* par *stipulationem*. C'est l'opinion de Puchta qui combat M. de Savigny (1).

Quant à l'opposition formelle entre les deux membres de phrase, elle est loin d'être lumineuse. Nous considérons plutôt le second membre comme une exception au principe général posé dans le premier. Le texte ne serait ainsi que la reproduction pure et simple de la règle « *Nihil nobis acquiritur per extraneam personam* » en matière de droits réels avec l'exception qui y avait été apportée pour la possession. Pourquoi, s'il y avait eu ici un exposé de deux principes généraux, le jurisconsulte aurait-il employé le pluriel pour le premier, le singulier pour le second ? Ce singulier — *quod naturaliter acquiritur* — n'est-il pas plutôt la marque de l'exception ? Modestin, en résumé, donnerait un exemple d'acquisition *civiliter* : ce serait par le moyen de la mancipation. A cette règle générale il apporterait l'exception universellement reconnue de la possession qui peut nous être acquise *per extraneam personam* (2), et même la possession ne serait pas ici un exemple mais bien le seul cas d'acquisition *per extraneam personam*. « *Der Besitz*, dit Puchta (3), *nischt bloss ein Beispiel, sondern der einzige Fall war, wassdenn auch durch*

(1) *Institutes,* § 203, page 43 note н.
(2) *Suprà,* p. 12.
(3) *Institutes (loc. cit).*

alle andern Quellen bestätigt wird. » La possession n'é-
tait pas simplement un exemple, mais le seul cas qui
fût confirmé par toutes les autres sources.

M. de Savigny semble attacher une grande importance à ce fait que le texte en question est de Modestin et non de Pomponius, comme, dit-il, on a voulu
le prétendre. Modestin étant en effet de beaucoup
postérieur à Pomponius, étant de plus le dernier des
grands jurisconsultes, il n'y a ainsi, selon lui, rien
d'étonnant à ce qu'il n'existe dans d'autres textes
aucune trace de cette révolution juridique si importante. Que ce fragment soit de Pomponius ou de
Modestin, ce silence absolu ne nous en étonne pas
moins. Modestin peut être le dernier des grands jurisconsultes, nous trouvons pourtant après lui des
jurisconsultes de second ordre (1) que cette innovation si hardie aurait frappés. Comment admettre
surtout que Justinien n'en ait pas parlé, lui qui est
d'ordinaire si prolixe et qui ne s'est pas privé de
faire souvent les plus longues dissertations sur des
sujets de très-minime importance !

(1) Modestin vivait au milieu du III⁰ siècle, sous Gordien, Pomponius sous Antonin le Pieux.

(2) Gregorianus et Hermogenianus, quoiqu'ils ne soient que des
compilateurs, auraient pu en parler. De plus Dioclétien et Constantin
ne l'auraient pas passée sous silence. Le premier surtout fut fécond
en rescrits et en constitutions : nous en comptons en effet environ
douze cents émanant de lui dans le Code de Justinien.

Tel est le texte général sur lequel M. de Savigny fait reposer sa doctrine. Il cite encore à l'appui un passage d'Ulpien (1) dans lequel il prétend voir une confirmation de sa thèse. « *Si te rogavero,* dit Ulpien, *ut rem meam perferas ad Titium ut is eam servet, qua actione tecum experiri possum, apud Pomponium quæritur. Et putat, tecum mandati; cum eo vero qui eas res receperit depositi. Si vero tuo nomine receperit, tu qui dem mihi mandati teneris, ille tibi depositi : quam actionem mihi præstabis, mandati judicio conventus.* » Si je te prie de porter ma chose à Titius pour qu'il la garde, par quelle action puis-je te poursuivre? Telle est la question que se pose Pomponius. Et il pense que je puis agir contre toi par l'action *mandati,* et contre celui qui a reçu la chose par l'action *depositi.* S'il l'a reçue de toi parlant en ton nom, à la vérité, tu es tenu envers moi par l'action du mandat mais lui est tenu envers toi par l'action *depositi;* tu seras obligé de me céder cette action et tu y seras forcé par l'effet du mandat. Voilà donc bien un texte, prétend M. de Savigny, absolument topique, puisqu'il admet les deux hypothèses ! Dans l'une, le mandataire découvre le mandant; c'est un *nuncius* et l'action naît directement en la personne du mandant; dans l'autre, il le laisse dans l'ombre en agissant en son pro-

---

(1) L. I, § 11, D. *Depositi vel contra,* XVI, 3.

pre nom et l'action naît sur sa tête ; il est obligé de la céder à son mandant.

Mais l'explication donnée par M. de Savigny, tout ingénieuse qu'elle soit, n'est pas faite pour s'imposer ; elle ne peut donc constituer pour nos adversaires un argument de valeur. Certains auteurs, en effet, admettent que le contrat réel — le dépôt en particulier — peut se former par l'entremise du *nuncius*, celui-ci portant à la fois la *res* et le consentement du maitre. C'est ce qu'il ferait dans la première hypothèse, tandis que dans la seconde il traiterait en véritable mandataire romain. Il n'est même pas besoin d'imaginer que Titius était déjà en relations avec le maitre. Le *nuncius* peut se présenter au tiers que son maitre ne connait pas ; il lui fait alors une offre, une pollicitation. Or la pollicitation peut être faite *per nuncium*. Il présente en même temps la *res*, le tiers accepte et ainsi le *nuncius* ne fait pas véritablement le dépôt ; c'est le maitre qui le fait par ses mains.

Pour nous qui n'admettons qu'exceptionnellement l'intervention du *nuncius* dans la formation du contrat *re*, ce texte n'est pas plus embarrassant. Il n'est pas nécessaire de voir dans la première hypothèse un *nuncius*, dans la seconde un *procurator*. Ne pouvons-nous pas imaginer avec beaucoup de vraisemblance qu'il s'agit dans les deux cas d'un *procurator*, qu'Ulpien dans le premier a en vue une cession tacite d'actions, telle que plusieurs textes l'envisagent, dans le second une cession expresse et que le jurisconsulte a simplement voulu opposer l'une à l'autre ?

M. de Savigny cite enfin un dernier texte d'Ulpien (1) : « *Si procurator vendiderit et caverit emtori quæritur an domino vel adversus dominum actio dari debeat. Et Papinianus libro tertio Responsorum putat cum domino ex emto agi posse utili actione ad exemplum institoriæ actionis, si modo rem vendendam mandavit. Ergo et per contrarium dicendum est utilem ex emto actionem domino competere.* « M. de Savigny avoue lui-même que ce texte est souvent cité par ses adversaires à l'appui de leur thèse. C'est bien là en effet pour nous un cas ordinaire de mandat et d'extension à celui-ci de l'action institoire. Le *procurator* semble parler en son propre nom, prétend M. de Savigny, puisque malgré le désir contraire du maître qui l'avait seulement chargé de vendre, il donne encore sa garantie à l'acheteur. Soit! Mais qu'est-ce qui prouve que c'est parce qu'il a traité en son nom que le recours à l'action utile est nécessaire ? Ce texte ne dit pas que s'il avait contracté au nom de son mandant, il en serait autrement.

(1) L. 13 § 25 *de actionibus emti venditi.* (XIX, 1).

On a apporté (1) un nouvel argument de texte tiré de la loi 22 *de manumissis vindicta*, D. (XL. 2) où, trouve-t-on, Paul a fait exactement le même raisonnement que M. de Savigny. Ce texte est ainsi conçu : « *Pater ex provincia ad filium sciens Romæ agentem epistolam fecit, qua permisit ei quem vellet ex servis quos in ministerio secum hic habebat, vindicta liberare : postquam filius Stichum manumisit apud prætorem ; quæro an fecit liberum ? Respondi quare non hoc concessum credamus patri ut permittere possit filio, ex his quos in ministerio haberet, manumittere ? Solam enim electionem filio concessit, cæterum ipse manumittit.* « N'est-ce pas là, dit-on, un cas analogue au troisième exemple de M. de Savigny ? Le jurisconsulte n'a-t-il pas laissé au fils une grande initiative ? Ne l'a-t-il pas fait agir comme un véritable représentant. Et pourtant ce n'est pas lui qui a fait l'affranchissement, mais son mandant. Voilà donc un acte passé par mandataire dont les effets se font sentir directement dans la personne du mandant. L'argument tombe de lui-même si l'on considère que nous sommes ici dans une hypothèse absolument spéciale, qu'il s'agit, en effet, d'une personne en puissance, placée dans une condition particulière, d'un fils et non d'une *extranea persona*.

Malgré l'autorité de son auteur et la subtilité de

(1) M. Robert. *Contrats par correspondance*, page 72.

son raisonnement appuyé d'arguments merveilleusement choisis et qui dès l'abord ne laissent pas que de jeter un certain doute dans l'esprit, la doctrine de M. de Savigny ne semble pas avoir réuni beaucoup de partisans. Le coup porté par M. de Savigny à l'ancienne théorie était rude ; son résultat presque négatif est un argument de plus en notre faveur.

M. Van Wetter pourtant (1) paraît bien se faire le disciple de M. de Savigny quand il dit que le tiers créancier n'a le droit de poursuivre que le mandant quand le mandataire s'est renfermé dans les limites de son mandat et a nommé son mandant au tiers ; sous ces conditions, dit-il, le mandant ne saurait se plaindre d'avoir à répondre à l'action du tiers, ni celui-ci d'avoir exclusivement le mandant comme débiteur ; de cette manière ce sera le tiers qui supportera l'insolvabilité du mandant.

M. Van Wetter n'admet-il pas là réellement le système de M. de Savigny, bien qu'il ait l'air de s'en défendre, puisque le seul trait qui fait encore rester debout la théorie de la non-représentation, l'obligation du mandataire, est par lui effacé (2).

Les Romains, croyons-nous, n'ont jamais admis juridiquement le principe de la non-représentation

(1) *Cours de droit romain*, § 212.
(2) Voir également en ce sens Maynz, *Cours de droit romain*, 3ᵉ édition, § 307.

« *Excepta possessionis causa* dit une constitution des empereurs Dioclétien et Maximien (1), *per liberam personam, quæ alterius juri non est subdita nihil acquiri posse, indubitati est* ». La possession exceptée, il est indubitable que rien ne peut être acquis par une personne libre qui n'est pas en puissance. Et, remarquons-le bien, nous sommes à une époque très avancée de l'histoire romaine. Le *nuncius* n'a donc jamais été à Rome un représentant juridique.

(1) C. Loi 1, Liv. IV, 1, 27. *Perquas personas acquiritur;* — Et aussi *Institutes*, Liv. II, Tit. IX, § 5.

CHAPITRE IV

DU RÔLE DU NUNCIUS DANS LES DIVERS ACTES DE LA VIE JURIDIQUE.

Section I. — Des actes juridiques possibles per nuncium.

§ 1.— *Des conventions dont la cause est le consentement des parties.*

L'idée du contrat entre absents est liée intimement, avons-nous dit, à celle du consentement pris comme cause de l'obligation. Dans les contrats consensuels, le ministère du *nuncius* est employé sans contestation possible : il est même très-fréquent. Le rôle du *nuncius* dans les contrats consensuels est plus important que partout ailleurs. Là véritablement, il s'exerce d'une façon entièrement efficace. Nous verrons son intervention impossible dans le contrat *verbis*. Nous le montrerons dans le contrat réel et dans le contrat *litteris* porteur simplement du consentement des parties, incapable en effet dans le contrat réel de faire la tradition de la *res*, dans le contrat *litteris* de tracer l'écriture d'où naît véritablement l'obligation.

Nous n'allons pourtant pas jusqu'à prétendre, comme l'ont soutenu certains auteurs en s'appuyant sur un passage de Théophile (1), qu'il était seulement possible dans les contrats consensuels. Ecoutons plutôt Bartole (2) : « *Obligationes tantum quæ consensu perficiuntur, per epistolam quoque contrahi possunt, aliæ minime* (3) ».

D'après Théophile en effet le contrat *litteris* ne pouvait se former que par le consentement verbal des parties, *verba solemnia*, ῥήματα τυπικά, que les parties devaient dire et écrire, λέγειν καὶ γράφειν. λέγειν est évidemment une erreur. Comment en effet l'expliquer? Du reste la découverte du manuscrit de Gaius a donné tort à cette opinion, puisque ce jurisconsulte admet le contrat *litteris* entre absents (4). Nous avons vu pourtant comment il fallait entendre ce passage de Gaius.

Dans les contrats consensuels — vente, louage, mandat, société — à la différence de ce qui se passe dans les trois autres espèces de contrats, rien n'est

(1) Ad. pr. I. *de litt. oblig.* 3, 21.
(2) Sur la loi 5, D. Titre 12, lib. 50.
(3) Il s'agit ici d'une lettre, mais nous savons que les anciens auteurs, Bartole traitaient de même le *nuncius*.
(4) C. III, § 138 (*loc. cit.*).

4

exigé en dehors du consentement : la cause de l'obligation est bien le consentement des parties et le consentement seul. Le seul fait capital est la manifestation de la volonté. Peu importe la façon dont cette manifestation est faite. Porteur du consentement, de l'élément essentiel du contrat, le *nuncius* joue bien un rôle vraiment important.

Gaius, dans la loi 2, Dig. *de obligationibus et actionibus* (XLIV, 7) fait bien ressortir ce caractère du contrat consensuel et en montre en même temps la possibilité *per nuncium*. Lisons cette loi : « *Consensu fiunt obligationes in emptionibus, venditionibus, locationibus, conductionibus, societatibus, mandatis. Ideo autem istis modis consensu dicimus obligationem contrahi, quia neque verborum, neque scripturæ ulla proprietas desideratur sed sufficit eos qui negotia gerunt consentire. Unde inter absentes quoque talia negotia contrahuntur veluti per epistolam, vel per nuncium. Item in his contractibus, alter alteri obligatur de eo quod alterum alteri ex bono et æquo præstare oportet.*

Les contrats consensuels ne sont que des pactes que la loi a formellement reconnus, auxquels elle a donné un nom. Un pacte en effet n'est autre chose que le consentement de deux ou de plusieurs personnes. Sans force au début, les pactes, à l'époque classique, sont devenus obligatoires (1). Le préteur

(1) Cicéron, *de officiis*, III, 24.

ne fait-il pas observer tout pacte conclu sans dol et non contraire aux lois ? Mais il ne donne pas une action, l'exception seule est possible (1). Certains pactes pourtant furent pourvus d'actions, les uns par les empereurs, les autres par le préteur lui-même ; les premiers, le pacte de donation par exemple, sont dits pactes légitimes, les seconds dont les plus importants sont le pacte d'hypothèque, le pacte de serment et le pacte de constitut, pactes prétoriens.

Pour la même raison que les contrats consensuels, les pactes sont possibles *per nuncium*. Labeon, nous l'avons vu, le dit expressément dans la loi II, Fr. *Principium* D. *de Pactis* (II, 14) *Labeo ait convenire posse vel re, vel per epistolam, vel per nuncium ; inter absentes quoque posse. Sed etiam tacite consensu convenire intelligitur.* »

Nous devons nous arrêter aux pactes légitimes et prétoriens ; à cause de leur importance, le rôle du *nuncius* y est particulièrement intéressant. Justinien (2) rend la simple convention de donation obligatoire. Avant lui, elle ne valait que par son exécution. Il donne au donataire une *condictio ex lege* pour obtenir la tradition. La loi 6 au Code de *donationibus* (VIII, 5) permet la donation entre absents. « *Nec ambigi donationes etiam inter absentes... validas esse.* »

(1) L. 7, Par. 4 et 7, D. *de pactis* (II, 14).
(2) L. 35, § 5, C. de *donationibus* (VIII, 54).

Avant Justinien, la donation n'étant valable que par son exécution elle-même, le *nuncius* prêtait son concours simplement pour l'échange des consentements, intervenant ainsi à peine dans la formation du pacte puisqu'il n'avait pas le pouvoir de transférer la propriété. Sous Justinien, au contraire, le simple consentement étant suffisant pour former le pacte de donation, nous rentrons dans la règle que nous avons formulée pour tous les pactes. Par le seul fait que le donateur envoyait un *nuncius* au donataire pour lui dire qu'il lui donnait quelque chose et que celui-ci répondait qu'il acceptait, la convention était immédiatement valable, sauf à remplir certaines formalités dans les cas où elles étaient nécessaires. Le *nuncius* pouvait aussi servir seulement à porter au donateur la réponse du donataire.

La donation *mortis causa* tout aussi bien que la donation *inter vivos* pouvait être faite *per nuncium*.

De pignore jure honorario nascitur pacto actio, dit Paul (1). L'hypothèque, pacte prétorien, pouvait-elle être constituée *per nuncium ?* Gaius traite le *pactum hypothecæ* comme un contrat consensuel. *Contrahitur*, dit-il (2), *hypotheca per pactum conventum, quum quis*

______

(1) L. 17, § 2, D. de *pactis*, (II, 14).

(2) L. 4, D. de *pignoribus et hypothecis et qualiter ea contrahuntur et de pactis eorum* (XX, 1).

paciscatur, ut res ejus propter aliquam obligationem sint hypothecæ nomine obligatæ. Nec ad rem pertinet quibus sit verbis : sicuti est in his obligationibus quæ consensu contrahuntur. Le pacte suffisant à faire naître l'hypothèque au profit du créancier, à donner naissance à l'action hypothécaire, toutes les conditions d'existences du droit hypothécaire étant remplies, il s'ensuit que par l'intermédiaire du messager les absents peuvent constituer une hypothèque. Pourquoi n'appliquerait-on pas ici la règle des actes purement consensuels ?

Quant au pacte de serment il était tout aussi possible entre absents.

Primus créancier et Secundus débiteur sont sur le point de s'adresser à la justice pour régler une contestation qui s'élève au sujet de l'acte juridique qui a rendu le premier créancier du second; Primus n'a par exemple pas de preuve que Secundus lui doit. Celui-ci prétend ne rien devoir à Primus. Les deux parties peuvent convenir de trancher la question par un serment. Ils se mettent d'accord sur ce point et Secundus jure qu'il ne doit rien à Primus. Ce serment est la loi des parties. Si Primus veut porter son action en justice il sera repoussé par l'*exceptio jurisjurandi* (1).

(1) Just. Liv. IV, Tit. XIII, *de exceptionibus*, § 4.

Si au contraire **Primus** avait juré sur la délation de Secundus que celui-ci lui devait, aucune preuve ne serait plus nécessaire à l'appui de sa prétention. Il aurait pour se faire payer l'action *de jurejurando* (1).

Mais, notons-le bien, ce serment n'est apparu qu'à la suite d'un accord préalable entre les parties qui ont voulu ainsi terminer leur différend. Le *nuncius* pourra-t-il intervenir dans cet accord préalable et prêter le serment ? Puisqu'il peut faire une convention pour son maître, pourquoi n'agirait-il pas pour lui dans le pacte de serment ? Envoyé par celui-ci et muni de ses instructions qu'il suivra aveuglément, quand il prononcera les paroles du serment, ce sera comme si le maître les prononçait lui-même. Nulle part nous ne trouvons qu'il y ait là une forme solennelle nécessitant la présence des parties.

La loi 14, § 3, D. *de pecunia constituta* (XIII, 5) dit formellement que le constitut se faisait *per nuncium* (1).

Le pacte de constitut consiste dans la promesse de payer à jour fixe une dette préexistante, *pecuniam debitam constituere* (2). Laissant de côté les conditions de fixation d'un jour et de préexistence d'une

---

(1) Liv. IV, Tit. IV, *Institutes de actionibus*, §, 11.

(2) *Constituere autem et præsentes et absentes possumus, sicut pacisci, et per nuncium et per nosmetipsos et quibuscumque verbis.*

(3) Loi 1, § 1, D. *de pecunia constituta* (XIII, 5).

dette nous ne nous occupons que de la condition
essentielle de la validité du constitut, c'est-à-dire
du consentement des parties. Pour se manifester,
celui-ci n'exige aucune forme solennelle, aucun
écrit ; aussi peut-il être donné *per nuncium*. Le constitut était très répandu dans une législation forma-
liste comme la législation romaine (1). Grâce à lui,
entre absents bien des actes pouvaient être possibles
que la rigueur des principes eût empêchés. En cas
de *constitutum debiti proprii* (2), le constitut remplaçait
la novation. Dans cette première forme, le constitut
servait à donner au débiteur un délai pour le paiement ou au contraire à en avancer le jour. La novation eût été le seul procédé possible d'arriver à ce
résultat : or, pour nover, il fallait être présents. Il
semble même qu'on soit arrivé à produire avec le
constitut le même résultat qu'avec la stipulation et
le contrat *litteris* (3).

Le constitut *debiti alieni* était surtout une forme
de cautionnement. Il avait sur la fidéjussion de nom-

(1) Savigny. *Droit des obligations.* Traduction Gerardin et Jozon,
§ 74.

(2) Loi 3, § 2 et loi 27, D. *de pecunia constituta* (XIII, 5).

(3) Ihering. (Traduction Meulenaere, T. IV, page 154) établit bien
ce rôle si important du constitut. Une convention accessoire, dit-il,
ajoutée au contrat principal était reconnue comme cause indépendante d'obligation. Le pacte de constitut peut être comparé sous
ce rapport au codicille. L'un et l'autre dispensent l'auteur d'un acte
de la nécessité de le refaire en entier lorsqu'il ne veut y ajouter
qu'une simple disposition supplémentaire.

breux avantages, outre celui d'être possible entre absents, la fidéjussion étant à cause de ses formes solennelles interdite aux absents.

Voici les principaux :

1. Dans le dernier état du droit classique, le constitut n'exige pas l'identité d'objet entre l'obligation accessoire et l'obligation principale.

2. La règle que la caution ne peut pas s'obliger *in duriorem causam* n'est pas entendue avec la même rigueur dans le constitut que dans la fidéjussion. Dans celle-ci il y a nullité, dans celui-là, réduction de l'obligation.

3. Le constitut n'exige pas un débiteur principal comme la fidéjussion : on peut garantir ainsi par constitut une hérédité jacente.

4. Les lois Cicereia et Cornelia applicables à la fidéjussion ne paraissent pas l'être au constitut.

5. Enfin dans le cas de constitut la poursuite intentée contre l'un des obligés laisse subsister l'obligation de l'autre (1).

On pouvait, il est vrai, employer pour cautionner entre absents le *mandatum pecuniæ credendæ :* ce n'était qu'une forme du mandat, le mandat que je donne à quelqu'un de prêter de l'argent à une personne déterminée. Or, le mandat était un contrat

____

(1) M. Accarias à son cours, 1889-1890.

consensuel permis aux absents. Mais le *mandatum pecuniæ credendæ* était impraticable quand l'obligation princi pale était déjà formée. Le champ d'application du constitut est beaucoup plus vaste et il est certain qu'il se faisait souvent entre absents.

Il est un autre pacte prétorien sur lequel le constitut semble avoir été calqué. Justinien dit que c'est la source même du constitut. Ce pacte est le *receptum argentarii*. Il consistait en une promesse dépourvue de forme solennelle qu'un banquier faisait à une personne de lui fournir une prestation à un jour déterminé pour le compte d'un des clients de sa banque. Cette promesse était sanctionnée par une action : l'action *receptitia*. Ce pacte favorisait ainsi d'une façon considérable le commerce de banque et les contrats entre absents. Il en fut de même du constitut. Grâce à lui on pouvait liquider des opérations juridiques fort embrouillées qu'on transformait en une dette unique et le créances avait autant de chances d'être payé que s'il avait usé de la stipulation. Grâce à lui les créanciers circulaient facilement. Il était employé surtout par les commerçants, car il permettait toutes les opérations commerciales, particulièrement de place à place.

Sous Justinien le *receptum argentarii* n'est plus en usage. Les banquiers, depuis un certain temps déjà, ne pouvaient plus être poursuivis par l'action *recep-*

titia. Le constitut est toujours très florissant. Justinien lui étend même quelques règles du *receptum.* L'action *de pecunia constituta* qui n'était qu'annale devient par exemple perpétuelle comme l'était l'*actio receptitia* (1). Cette faveur dont n'a cessé de jouir le constitut montre qu'il répondait à un réel besoin économique et lui vient principalement de ce qu'il facilitait singulièrement les relations entre personnes absentes.

Il est une opération juridique beaucoup plus fréquente à Rome que dans nos législations modernes à cause des inconvénients mêmes auxquels elle remédiait. Nous voulons parler de la délégation. Prenons une hypothèse. Primus doit mille sesterces à Secundus. Il est de son côté créancier de Tertius de la même somme. Le délégant Primus, désireux de liquider sa situation, dépêche un *nuncius* à son débiteur Tertius, le délégué, pour le prier de promettre à Secundus, le délégataire, les mille sesterces ou de les lui payer. De cette double opération il résultera que Primus sera libéré envers Secundus, que Tertius sera libéré envers Primus et, en cas de promesse, de la part de Tertius qu'il n'y aura plus qu'un créancier, Secundus, et un débiteur, Tertius, en cas de paiement du délégué, que toutes les obligations seront éteintes.

(1) Loi 2, Cod. *de pec. const.*, IV, 18.

Et l'on sera arrivé à ce résultat en évitant un déplacement de fonds.

La délégation consistant en un double mandat il n'y avait pas pour elle de formes solennelles requises (1). Simple porteur du consentement du délégant, le *nuncius* peut ainsi être l'âme de cette opération. L'ordre du délégant peut en effet être donné par correspondance. Avec le secours de la délégation on facilitait les transactions dans une législation où, nous l'avons montré, les moyens de contracter entre absents, après avoir été nuls, étaient sous Justinien lui-même, encore assez limités.

M. Gide (2) a établi merveilleusement le rôle important de la délégation qu'il considère, sous la République comme sous l'Empire, comme le principal instrument de crédit. « Grâce à la délégation, dit-il, les créances se mobilisèrent, elles devinrent des objets de commerce circulant de mains en mains et de lieux en lieux. Grâce à la délégation, l'on échappa à la règle étroite qui renfermait les effets du contrat entre les deux contractants ; la stipulation faite en l'absence du délégant mais par son ordre était efficace à son égard comme s'il y avait été partie. »

(1) Loi 17 D. *de novationibus* et *delegationibus* (XLVI, 2).
(2) *Etudes sur la novation* page 111.

§ II. — *Des contrats re et litteris.*

Nous mettons à part ces deux sortes de contrats parce que, bien que le *nuncius* y joue un rôle, on ne peut pas dire qu'ils peuvent véritablement se former *per nuncium*. Les contrats *re* sont au nombre de quatre : le *mutuum*, le *commodatum*, le *depositum* et le *pignus*. Ils se forment *re*, c'est-à-dire par une tradition. Cette tradition est translative de propriété dans le *mutuum* seul ; dans les trois autres, c'est une *nuda traditio*. Deux choses sont donc avant tout nécessaires : le consentement et la tradition et, tant qu'une partie n'a pas reçu de l'autre la *res*, elle n'est pas obligée.

La loi 1, § 21 D. *depositi vel contra* (XVI, 3) semble prohiber ici l'entremise du *nuncius*. Nous avons vu, en effet (1), qu'Ulpien dans cette loi envisageait deux cas de cessions d'actions : cession tacite dans la première hypothèse, expresse dans la seconde. Il y est bien en outre question d'une personne qui est chargée de porter la *res* à une autre et le contrat se forme entre elle considérée comme mandataire or-

____

(1) *Suprà* p. 42.

dinaire et le tiers et non pas entre celui-ci et le maître. Ce mandataire n'est donc pas un *nuncius*.

Faut-il conclure de ce texte que l'entremise du *nuncius* sera toujours impossible dans les contrats réels ? Ne l'oublions pas en effet : il y a dans ces contrats deux éléments essentiels: le consentement que le *nuncius* peut toujours porter et la *res* ; or, dit M. Accarias (2), en tant qu'il accepte la mission de transporter, de garder et de livrer la chose, le messager devient un mandataire ordinaire, c'est bien là, en effet, une fonction juridique dont il est chargé. Nous pourrions pourtant trouver quelques rares hypothèses où, dans les contrats réels, le *nuncius* puisse prêter un ministère efficace. Primus a donné un cheval en dépôt à Titius. Un contrat de dépôt s'est formé par la remise du cheval. Par la suite, Primus devenu débiteur de Titius, veut lui constituer son cheval en gage. Il lui est alors loisible d'envoyer à Titius un *nuncius* porteur de sa proposition. Si Titius l'accepte, un contrat de gage se sera formé, les deux parties étant absentes et par l'intermédiaire du *nuncius*.

Le débiteur en un mot détenait-il déjà la *res*, le contrat était possible *per nuncium*? Dans le cas contraire, il ne l'était pas ; ce qui revient à dire que

(2) Tome II, 3ᵉ édition, page 441. note 2.

toutes les fois qu'il devait y avoir tradition, le *nuncius* ne pouvait être employé.

De même dans le contrat *litteris*, le *nuncius* ne jouera pas un rôle prépondérant, comme pourrait le laisser croire Gaius, quand il dit « *Absenti expensum ferri potest* (1).

Comment le *nuncius* intervenait-il dans l'*expensilatio?*

Primus devait à Secundus mille sesterces ou il venait de les toucher pour lui. Il lui envoyait un *nuncius* chargé de lui dire que sur son codex il l'avait crédité de mille sesterces, le priant de le débiter sur le sien de la même somme. Secundus portait comme *expensum* la dite somme et un contrat *litteris* était formé dont le *nuncius* avait été l'intermédiaire (2). A un moment où la monnaie réelle était peu maniable, dans un pays où les effets de commerce et la monnaie fiduciaire étaient inconnus, cette façon de contracter entre absents, facilitant singulièrement les paiements devait être très en vogue. Sans se voir, les parties faisaient ainsi un *nomen transcripticium.*

Gaius nous apprend (3) que cette *transcriptio* pouvait s'opérer *a re in personam* ou *a persona in personam.* Dans la *transcriptio a re in personam*, le créancier

(1 III, § 138.

(2) Certains auteurs prétendent qu'il suffisait que l'opération fût simplement inscrite sur le registre du créancier.

(3) III, § 128.

et le débiteur restaient les mêmes; la cause de l'obligation seule changeait et avec elle la nature de la dette. Une obligation née d'une vente, d'un louage changeait pour ainsi dire de source et prenait une force nouvelle dans l'*expensum*. Primus devait à Secundus mille sesterces par suite d'une vente. Une *transcriptio a re in personam* s'opérait entre eux deux et le *nuncius* pouvait fonctionner ici de la même manière que dans le cas général que nous avons cité.

Dans la *transcriptio a persona in personam*, le débiteur seul changeait. Un nouveau débiteur était substitué au débiteur originaire. Tertius envoyait un *nuncius* à Secundus pour le prier de le débiter sur son codex des mille sesterses que Primus lui devait, lui disant qu'il l'avait crédité d'autant. Secundus écrivait *acceptum* au compte de Primus, *expensum* au compte de Tertius et c'est encore par l'intermédiaire du *nuncius* qu'un contrat *litteris* s'était formé entre Tertius et Secundus.

Mais, notons-le bien, la cause, dans le contrat *litteris* est l'écriture tracée sur le codex. Comme porteur du consentement des parties, le *nuncius* intervenait bien dans ce contrat, mais son rôle se bornait là et c'est ainsi que nous pouvons bien prétendre qu'il n'était pas réellement efficace. Il était employé dans les préliminaires, mais le contrat lui-même était toujours bien formé sans lui, puisqu'il résultait de l'écriture que seul le contractant pouvait faire.

Quoique nous nous bornions dans cette étude à examiner le rôle du *nuncius* dans les conventions, nous devons pourtant montrer succinctement sa possibilité dans certains autres actes importants de la vie juridique.

Le *jussus domini* pouvait être donné par messager « *Jussum autem accipendum est... sive per epistolam aut per nuncium.* (1). »

Un héritier fiduciaire s'en sert pour rendre l'hérédité au fidécommissaire (2). Le testateur peut *per nuncium* convoquer les témoins mais non pas faire son testament (3). De même un legs *per nuncium* ne serait pas valable.

Le curateur dont la présence *in ipso negotio* n'est pas exigée et qui peut même envoyer son *consensus*, l'affaire terminée, le fait très bien *per nuncium*.

§ III. — *Des actes qui touchent aux droits de famille.*

Il est certain qu'au début, les fiançailles ne pouvaient se faire *per nuncium*. Les *sponsalia* consistaient

(1) §.1, D. *Quod, jussu* (XV, 4.)
(2) L. 37 pr. D. *Ad senatus consultum Trebellianum* (XXXVI, 1).
(3) L. 9 Code, *de inofficioso testamento* (III, 28.)

en une interrogation et une réponse solennelles (1).
Cependant du temps d'Ulpien déjà, elles se faisaient
par le seul consentement des futurs époux et du
chef de famille (2). Nul doute par conséquent qu'il
fût loisible au futur époux d'envoyer un *nuncius* à
sa fiancée.

Pour le mariage la question est controversée. Tout
dépend ici du point de savoir s'il résulte ou non de
la tradition de la femme au mari. Est-ce un contrat
réel ou un contrat simplement consensuel ? Dans
le premier cas, le *nuncius* est impossible ; il est au
contraire possible dans le second, les contrats consensuels pouvant sans nul doute se faire entre
absents.

Paul (3) déclare que la femme absente ne peut
se marier ni par lettre ni par messager.

M. Ortolon (4) en conclut qu'il faut autre chose à
Rome que le consentement pour qu'un mariage soit
valable. Selon lui, cet acte complémentaire est la
tradition de la femme au mari (5), tradition qui se
faisait suivant les règles ordinaires du droit : il
fallait, en un mot, que le mari fût mis en possession

(1) L'expression *sponsalia* vient du reste de la formule : *Spondes
ne ? Spondeo.*

(2) Lois 4 et 18 D. *de sponsalibus* (XXIII, 1.)

(3) Sentences, L. 2, T. 19, § 8.

(4) No 97, *de nuptiis*, 4e édition.

(5) L'expression classique *uxorem ducere* ne semble-t-elle pas
donner raison à cette théorie ?

de la femme. On comprend donc que la femme devant être l'objet de la tradition ne pouvait se marier *per nuncium*; mais en était-il de même du mari? Paul nous répond négativement « *Vir absens uxorem ducere potest* (1). La femme en effet peut être conduite au domicile du mari, celui-ci étant absent ; elle est ainsi en sa possession. Le mari lui envoie alors un *nuncius* pour lui dire qu'il consent à la prendre pour épouse et le mariage est conclu. Possible par conséquent à l'égard du mari, le mariage ne peut se faire *per nuncium* à l'égard de la femme. *Pomponius* a très bien, lui aussi, établi cette différence entre les deux situations, quand il a dit : « *Mulierem absenti per litteras ejus vel per nuncium posse nubere placet, si in domum ejus deduceretur. Eam vero, quæ abesset, ex litteris vel nuncio duci a marito non posse ; deductione enim opus esse in mariti non in uxoris domum ; quasi in domicilium matrimonii. (2).* »

Certains textes (3) prévoient le cas d'un mariage se faisant par le seul consentement, mais remarquons-le bien, les futurs époux sont en présence l'un de l'autre. La tradition, il est vrai, n'apparaît pas alors comme acte distinct, mais elle découle du consentement mutuellement échangé par les parties qui se

(1) Sentences, L. 2, T. 19, § 8.
(2) D. L. 5, *de Ritu nuptiarum* (XXIII, 2.)
(3) Loi XV D. *de condictionibus et demonstrationibus* (XXXV, 1) — Loi 9,C. *de nuptiis* (Liv. V, Tit. VIII).

trouvent l'une en face de l'autre, la femme étant bien réellement ainsi en possession du mari.

Quant au divorce, comme il n'était soumis à aucune forme et qu'il pouvait avoir lieu par le seul consentement des deux époux — *bona gratia* —, nous pensons qu'il pouvait se faire entre absents.

Il était d'usage à la fin de la république que l'époux remît ou envoyât au conjoint avec lequel il voulait divorcer un acte de répudiation. La remise du *libellus repudii* est même devenue une condition essentielle du divorce, qu'on voulait rendre le moins fréquent possible, depuis la constitution des empereurs Théodose et Valentinien qui forme au Code la loi 8 *de repudiis et judicio de moribus sublato* (Liv. V. Tit XVII). « *Consensu*, dit-elle, *dans son principium, licita matrimonia posse contrahi, contracta non nisi misso repudio dissolvi, præcipimus. Solutionem et enim matrimoni difficiliorem debere esse, favor imperat liberorum.* »

De plus la manifestation de la volonté du répudiant devait, d'après la loi Julia *de adulteriis* (1), être faite devant sept témoins. Le ministère du *nuncius* n'en était pas pour cela prohibé. Porteur du *libellus repudii* il se rendait chez le conjoint qui allait être

(1) La loi 9 D. *de divortiis et repudiis* (XXIV. 2) s'exprime ainsi « *Paulus libro secundo de adulteriis. Nullum divortium ratum est nisi septem civibus Romanis puberibus adhibitis præter libertum ejus qui divortium faciet. Libertum accipiemus etiam eum qui a patre, avo proavo et ceteris susum versum manumissus sit.* »

répudié accompagné de sept témoins et,en leur présence,lui remettait ce *libellus*. En fait,le divorce avait le plus souvent lieu *per nuncium*, les deux parties devant tenir à se trouver le moins souvent possible en face l'une de l'autre.

Les auteurs latins nous fournissent du reste de nombreux exemples de l'intervention du *nuncius* en cette matière. Ciceron emploie fréquemment l'expression *nuncium uxori mittere* en parlant du mari qui répudie sa femme aussi bien que de la femme qui répudie son mari (*de Oratore* 1. 40 et 56 ; *Ad Atticum* 1. 13. Top. 4. Ulpien en donne encore un exemple. Il dit dans la loi 4,D. *de divortiis et repudiis* (XXIV. 2) qu'une femme *furiosa* ne peut répudier son mari,ni en intervenant elle-même,ni en lui envoyant un *nuncius* « *neque nuncium mittere posse.* »

Section II. — Des actes juridiques impossibles per nuncium.

Il est certains actes de la vie juridique où la présence des parties est nécessaire. Au début même de la législation romaine,cette condition de présence des parties était générale : aucun acte ne pouvait être fait entre absents. Nous avons vu qu'à cause de l'extension de Rome et de son expansion commerciale, cette règle gênante avait été en grande partie écartée. Il est pourtant certains actes qui, même dans le dernier état du droit, ont toujours réclamé la présence des parties : sous Justinien il y a encore quelques vestiges des *actus legitimi*. Ces actes sont impossibles entre absents.

Le plus important est sans contredit la stipulation.

Le contrat *verbis* consistait en une interrogation et une réponse concordantes qui étaient solennelles, les formules étant préparées d'avance. La cause de l'obligation *verbis* est tout ensemble le consentement et la parole solennelle. L'un est inséparable de l'autre et, comme les paroles doivent être rigoureusement prononcées par les parties contractantes elles-mêmes, il n'y a pas de place ici pour le *nuncius*. Ecoutons en effet Gaius (1) « *Sed absenti expensum ferri potest, etsi verbis obligatio cum absente contrahi non possit.* »

De même que *per nuncium* il est impossible de créer une obligation verbale (2), de même le créancier ne peut par ce moyen se procurer un débiteur accessoire en employant la forme solennelle de la même espèce que la stipulation, la fidéjussion, de même aucune extinction d'obligation ne peut être faite ainsi par

(1) Com. III, § 138.
(2) Le *dotis dictio* et le *jusjurandum liberti* ne sont pas plus possibles *per nuncium* que la stipulation.

acceptilation, non plus qu'aucune novation, toutes ces opérations n'étant en effet valables que si les parties coutractantes ont été en présence l'une de l'autre, l'une écoutant l'autre et lui répondant (1). Juridiquement, même dans le dernier état du droit, malgré qu'elle était débarrassée de quelques-unes des formes sévères dans lesquelles elle était enserrée, même après la constitution de l'empereur Léon (469), abolissant la nécessité des paroles solennelles, la stipulation était toujours impossible entre absents.

On doit, dit M. de Savigny (2), regarder comme un inconvénient particulier à la stipulation la circonstance qu'elle ne pouvait avoir lieu qu'entre personnes réunies en un même lieu. C'est là un très grand obstacle à l'extension et à l'activité des transactions commerciales. Il faut y voir une conséquence digne de remarque de l'origine du droit romain proportionné d'abord à l'étendue d'une seule cité. Ainsi s'explique le secours qu'on s'était efforcé d'obtenir par la création et l'application fréquente du constitut qui rendait possible à de grandes distances la conclusion des conventions productrices d'actions (3).

N'y avait-il pourtant pas un moyen de créer par l'intermédiaire du *nuncius* une obligation donnant

(1) L. 1 pr. *de Verborum obligatione* D. (XLV, 1).
(2) Droit des Obligations § 71. Traduction Gérardin et Iozon.
(3) *Suprà*, p. 51.

naissance à une *condictio*, comme si les deux parties avaient, en présence l'une de l'autre, usé de la stipulation ? Il ne s'agit pas ici du cas où j'envoie à mon co-contractant mon esclave ou mon fils en lui ordonnant de stipuler. Nous avons vu qu'il n'y avait pas là un véritable contrat par correspondance. Mais l'habitude s'était introduite depuis longtemps déjà de constater par écrit le contenu de la stipulation. En cas de contestation, on avait ainsi un moyen sûr de prouver ce qui avait été promis. C'est en se servant de cet écrit, — *cautio, instrumentum* — que les Romains pouvaient arriver au même résultat que s'ils avaient prononcé les paroles solennelles de la stipulation. Primus envoyait à Secundus un messager porteur d'un *instrumentum* relatant les formalités et les conditions d'une stipulation imaginaire ; Secundus acceptait. Par cette stipulation, il promettait, par exemple, mille sesterces à Primus. Celui-ci pouvait, pour les lui faire payer, se servir de l'action *ex stipulatu*. Le résultat était donc exactement le même que si la stipulation avait été régulière. Secundus, il est vrai, aurait pu prétendre qu'il ne s'était pas rencontré avec Primus au moment où la stipulation avait été faite, ce qui la rendait nulle. Mais pour cela nous devons l'imaginer de mauvaise foi. Et encore cet inconvénient fut-il très atténué par Justinien. Ce prince décida expressément en effet que l'*instrumentum* ferait foi de son contenu. Dès lors, au demandeur n'incombait plus la preuve de la stipulation et de l'accomplissement des conditions essentielles à sa formation. Jusqu'à preuve du contraire, les faits y relatés étaient tenus pour vrais et cette preuve même était loin de pouvoir s'administrer à la légère (1). Ainsi, dans une constitution adressée aux avocats de Césarée, Justinien a ordonné que le débiteur devrait prouver que pendant tout le jour indiqué comme étant celui où la stipulation avait été faite, il avait été absent de la ville, ou bien que son prétendu co-contractant l'avait lui-même été. N'est-ce pas rendre cette preuve presque impossible ?

Au reste Paul (2) semble bien admettre ce moyen détourné « *Verborum obligatio inter præsentes*, dit-il, *non etiam inter absentes contrahitur. Quod si scriptum fuerit instrumento promississe aliquem, perinde atque si interrogatione præcedente responsum sit.* » Après avoir proclamé hautement qu'on ne peut stipuler entre absents, ne semble-t-il pas insinuer un moyen de parvenir pourtant aux mêmes fins quand il dit : « Mais s'il a été écrit que quelqu'un a promis, c'est la même chose que s'il a répondu à une interrogation qui lui était faite? »

(1) *Institutes*, § 12, L. III, T. XIX. — § 8, L. III, T. XXI.
(2) L. V., T. VII, § 2.

Ulpien signale (1) un moyen analogue à employer pour la fidéjussion. « *Sciendum est generaliter*, dit-il, *quod si se scripserit fidejussisse, videri omnia solemniter acta.* »

Toutes les fois, avons-nous dit, que la présence des parties est nécessaire, il est naturel que l'emploi du *nuncius* soit défendu. Il en est ainsi, par exemple, en matière d'adoption ou d'adrogation. « *Neque adoptare, neque arrogare quis absens nec per alium ejusmodi solemnitatem peragere potest.* » (2)

Ainsi encore un tuteur ne peut envoyer son *auctoritas per nuncium* ; *l'auctoritas* doit être en effet donnée solennellement, le tuteur présent dans l'affaire même. (3)

Nous avons dit qu'il en était autrement pour le curateur, puisqu'il peut envoyer son *consensus* une fois l'affaire terminée.

(1) L. 30, D., *de verborum obligationibus* (XLV, 1).
(2) L. 25, § 1, D., *de adoptionibus* (I, 7).
(3) Loi unique, § 2 et 7, *de auctoritate tutorum*. Ins. (I, 17).

CHAPITRE V

DU MOMENT ET DU LIEU DE LA FORMATION DU CONTRAT
PER NUNCIUM

Primus envoie un messager à Secundus pour lui proposer de lui acheter son cheval. Secundus accepte. Quand le contrat s'est-il formé ? Est-ce au moment où Secundus a accepté, où seulement quand le *nuncius* a rapporté sa réponse à Primus. Où a-t-il été passé ? Au domicile de Secundus ou à celui de Primus. Cette question qui aujourd'hui encore divise les juristes, ne parait pas avoir préoccupé beaucoup les jurisconsultes romains. Nous ne trouvons pas sur ce sujet, qu'il soit question de lettre ou de *nuncius*, de théorie d'ensemble. Nous allons même plus loin et pouvons nous demander si jamais les Romains se sont posé cette question. Nous essayerons de le montrer, mais nous nous empressons d'avouer que le système qui nous semble avoir été suivi est quelque peu conjectural, faute de texte absolument formel. Pourtant à Rome, comme dans nos législations modernes, il y avait grand intérêt à connaître le moment précis où une personne pouvait contracter et la détermination de ce moment avait les plus graves conséquences au point de vue de l'existence même du contrat. D'un autre côté, pour la compétence, la détermination du lieu de la formation du contrat pouvait être très importante, puisque le tribunal compétent pour statuer sur les difficultés qui surgissaient à l'occasion des contrats passés entre Romains et pérégrins était quelquefois celui du lieu où le contrat avait pris naissance. (1) Mais nous nous plaçons dans ce dernier cas, au point de vue spécial du droit international, car à Rome la règle générale était que le tribunal compétent était celui du domicile du défendeur. « *Actor sequitur forum rei.* »

M. Maynz (1) croit qu'en droit romain, malgré l'absence de textes, ce lien obligatoire n'existe que lorsque le proposant a eu connaissance de l'acceptation et que, par conséquent, il est libre jusqu'à ce moment de retirer sa proposition. Il ne suffit pas en effet, dit-il, de la simple co-existence des deux volontés, il faut de plus un rapport de causalité qui leur imprime le caractère obligatoire et ce rapport ne saurait exister sans que chaque partie ait la cons-

---

(1) Cuq. *Institutions juridiques des Romains*, page 400. « Telle était la clause du traité conclu en 161, entre Rome et la confédération latine. »

(1) Cours de droit romain II, § 285, note 10.

cience d'être obligée et d'obliger à son tour. M. Maynz donne comme base à sa théorie une idée du consentement que nous essayerons de refuter en droit français. En tous cas, il ne nous fait pas sortir du domaine de la pure hypothèse puisqu'il l'avoue lui-même, il ne peut citer aucun texte qui corrobore sa doctrine.

Si donc nous montrons que cette idée du consentement n'est pas exacte et qu'en outre nous apportons à l'appui de notre prétention, non pas des textes formels, mais tout au moins des fragments qui nous semblent l'admettre, peut-être aurons-nous découvert ainsi la véritable théorie des Romains à ce sujet.

Nous avons admis dans notre étude sur les contrats par correspondance en droit français que la coexistence des volontés suffisait pour faire naître le lien obligatoire qui forme le contrat. Nous nous rapprochons ainsi de l'opinion des anciens auteurs, opinion qu'ils ont voulu même appuyer sur le droit romain.

Ecoutons plutôt Baldus (1) : *sed hic quœro ego nuncio vel epistola vendo fundum tibi existenti Bononiœ, ut te consentis ibidem ; ex hoc pacto volo agere ; ubi intel-*

______

(1) Commentaire sur le Livre IV, Titre 4, au Code, *si quis alteri vel sibi sub alterius nomine vel aliena pecunia emerit.* Loi 6, n° 26, page 126. (*Commentaria.* Venise, 1615).

*ligimus esse pactum ut sic agere possim ? Respondi Bono-
niæ.* Et il ajoute : *Bononiæ est pactum ; vere ibi medio
organo contingitur consensus utriusque partis.* Baldus
admet donc qu'aussitôt qu'il y a eu coexistence
des deux volontés, le contrat est formé. Il renvoie
ensuite à la loi 9, § 1, D. *de auctoritate et consensu
tutorum et curatorum* (XXVI, 8) ainsi qu'à la loi
20, D. *de obligationibus* (XLIV, 7). Mais ces fragments, non plus que le titre même au sujet duquel
Baldus expose sa théorie, ne nous semblent pas être
probants. Lisons cependant la loi 20. Julien s'exprime ainsi, *Contraxisse unusquisque in eo loco intelligitur, in quo ut solveret, se obligarit.»* Le débiteur est
réputé avoir contracté dans le lieu où il s'est obligé
à payer. Julien, selon nous, établit simplement ici
une règle de compétence, jusqu'à un certain point
analogue à celle de l'article 420 du Code de Procédure civile. Nous ne croyons pas qu'il faille voir
autre chose dans cette loi.

Baldus ne cite pas la loi 65, D. *de acquirendo rerum
dominio* (XLI, 1). Elle nous semble pourtant jeter
quelque peu de lumière sur la matière de la formation du contrat par correspondance à Rome.

Si epistolam tibi misero, dit Labéon, *non erit tua
antequam tibi reddita fuerit ; Paulus : imo contra, nam
si miseris ad me tabellarium tuum et ego rescribendi
causa, litteras tibi misero, simul atque tabellario*

tuo tradidero, tuæ fient. Si je t'envoie une lettre, elle ne sera pas à toi avant qu'elle ne te soit arrivée. Mais Paul pense que si tu m'envoies ton *tabellarius* et que pour te répondre, je t'envoie une lettre par lui, aussitôt que je l'aurai remise à ton *tabellarius*, elle sera à toi. Voilà l'hypothèse d'un contrat *per nuncium*. Primus envoie à Secundus son *tabellarius* pour lui proposer de lui acheter son champ. *Misit me,* dit le *tabellarius* à Secundus, *herus meus ut tibi dicerem velle eum a te tuum fundum emere si ita videatur.* Secundus répond simplement « *accepto* » ou bien, comme dans l'exemple de Paul, il écrit une lettre d'acceptation qu'il remet au *tabellarius* de Primus : la situation est la même dans les deux cas. Paul semble bien dire que le contrat est formé aussitôt que Secundus a remis cette lettre au *tabellarius*, puisqu'il en attribue la propriété à Primus l'offrant. Secundus s'en est dessaisi ; il ne peut plus la reprendre. Il lui est impossible de se rétracter. N'est-ce pas sous-entendre ainsi qu'il est bien réellement lié ? Qu'arriverait-il en effet s'il ne l'était pas ? Paul n'aurait-il pas dû, au contraire, déclarer que la lettre appartenait encore à Secundus ? N'aurait-il pas laissé à celui-ci la faculté de rétractation qu'il lui dénie ? Et qu'on ne dise pas que le jurisconsulte n'a pas eu en vue cette faculté de rétractation. Le texte l'accorde à l'offrant Primus. Il y a donc dans cette loi un véritable parallèle entre les deux situations.

N'est-ce pas là le système qui admet que le contrat se forme au moment où l'acceptant se dessaisit de son acceptation, système auquel nous nous rangeons dans notre étude sur les contrats par correspondance en droit français ?

Cette théorie nous semble bien avoir été la théorie romaine (1). Quand l'acceptant donne sa réponse au *nuncius*, n'est-ce pas comme s'il s'adressait au maître lui-même ? Derrière le *nuncius* et pendant qu'il exécute l'ordre du maître, c'est celui-ci seul qu'il faut envisager ; c'est lui, en un mot, qui parle par la bouche de son messager ; c'est donc bien à lui que l'acceptant donne sa réponse, quand il dit au *nuncius*. j'accepte ; c'est donc bien alors que les deux parties se lient, que le contrat se forme.

M. Massé (2) admet en principe cette solution pour le messager dans notre droit commercial, mais suivant le savant auteur, si ayant reçu un premier messager j'en envoie un second pour porter mon consentement, le contrat ne se forme plus qu'au moment de l'entrevue de ce second messager et de l'offrant, parce que c'est seulement alors, prétend-il, qu'a lieu le concours des deux volontés nécessaires à la perfection du contrat.

(1) C'est aussi l'avis de M. de Savigny, *Droit romain*. Trad. Guenoux, T. I, 8.

(2) *Droit commercial*, T. III, page 31.

Nous repoussons cette distinction et croyons que, même dans ce dernier cas, notre système doit être suivi. Se ranger à l'idée de M. Massé serait admettre pour la même théorie deux notions différentes du consentement. Il nous semble bien qu'au moment où l'acceptant envoie son propre messager, les deux volontés coexistent tout aussi bien que s'il donne sa réponse au messager du pollicitant.

Au moment donc où le *nuncius* reçoit l'acceptation du tiers vers qui il est envoyé, le contrat se forme. Il faut alors que les deux parties contractantes soient capables. Le *nuncius*, en effet, n'étant qu'un simple instrument par lequel le maître émet des paroles, c'est, nous l'avons vu, la personne du maître qu'il faut regarder quand le *nuncius* parle. Son consentement fait-il défaut à ce moment ? Le *nuncius* fait un acte nul, même s'il ignore la révocation du maître. Il en est de même si le maître meurt avant que le *nuncius* n'ait exécuté sa commission. Si le messager, ignorant la mort du maître, annonce ses paroles, il y a encore un acte nul puisqu'il ne peut y avoir coexistence des volontés. Lisons à ce sujet la loi 2 § 6 D. de *donationibus* (XXXIX, 5) « *Sed si quis donaturus mihi pecuniam dederit alicui, ut ad me perferret et ante mortuus erit quam ad me perferat, non fieri pecuniam dominii mei constat.* » Il s'agit ici d'un pacte de donation qui n'est valable que par la remise de la chose. C'était, nous l'avons vu, la règle avant que Justinien ne fasse de la donation un pacte légitime. Julien décide bien ici que la mort du maître empêche le pacte de se former.

Un auteur allemand, M. Kœppen (1) voulant justifier les dispositions du Code de commerce sur le contrat entre absents, les fait remonter jusqu'à Rome. Il prétend y découvrir une idée nouvelle de la convention obligatoire, laquelle, suivant lui, doit être la véritable théorie romaine que personne n'a pu trouver jusqu'à ce jour (2).

Il ne rentre pas dans le plan limité de notre étude sur le *nuncius* de discuter cette théorie et l'interprétation nouvelle donnée par M. Kœppen aux textes qu'il cite à l'appui. Remarquons toutefois qu'il est absolument certain que les jurisconsultes romains n'ont pas donné de solution formelle à cette question de la formation du contrat entre absents et que tout essai de théorie à ce sujet est nécessairement conjectural.

Cette doctrine, du reste, a été défavorablement accueillie partout et tous ceux qui en ont parlé ne l'ont fait que pour la combattre.

M. Laurent (3) est même assez dur pour son au-

(1) Der obligatorische Vertrag unter Abwesenden (*Jahrbücher* de hering, p. 139, t. XI).
(2) Rivier. Revue de droit international. Année 1872, page 533.
(3) Droit civil international, t. VII, page 538-

6

teur. Il déclare qu'il ne peut prendre au sérieux M. Kœppen dont la « rare naïveté » l'étonne. Si le professeur de Strasbourg, dit-il, avait voulu faire la satire de la raison écrite, il n'aurait pu s'y prendre mieux. La nouvelle théorie doit être la vérité absolue, parce que le droit romain est la vérité absolue, même dans nos sociétés commerciales et industrielles, donc dans un état social dont les Romains n'avaient même pas le soupçon !

Nous avons essayé de montrer quel était à Rome le véritable caractère du *nuncius*, quel était son rôle. Inconnu au début dans les différentes manifestations de la vie juridique, qui était du reste fort peu intense, il naquit de l'expansion de Rome, et devint très vite fréquent, principalement dans les contrats consensuels, dont l'existence est liée intimement à celle des contrats entre absents. C'était, en effet, avec la lettre, le seul intermédiaire véritable, ne contractant pas, ne s'obligeant pas. Dans notre législation actuelle où, grâce au progrès de la science, les intermédiaires inanimés sont variés, l'emploi du messager est rare. Ceux-ci présentent sur lui, le très grand avantage d'éviter dans une large mesure les erreurs dans la transmission des volontés de ceux qui s'en servent. L'un d'eux, surtout, dont on peut prévoir la vulgarisation très prochaine, le phonographe, a, avec le *nuncius*, de nombreux points de ressemblance. Qu'est-ce que le phonographe, en effet, sinon un enregistreur inconscient des paroles qui lui sont confiées ? Or le *nuncius* que les juris-consultes avaient privé d'initiative dans la confec-tion du contrat, n'était finalement qu'un simple porte-paroles. « *Præstat*, dit Paul, *nudum ministe-rium*. »

DES CONTRATS PAR CORRESPONDANCE

INTRODUCTION ET HISTORIQUE

Le contrat, dit Denisart (Collection, Tome I, page 543), se forme par le consentement mutuel de deux personnes, dont les volontés se réunissent au même point. Cette existence de deux volontés, chacune agissant principalement, imprimant à tout contrat deux phases absolument distinctes, n'est pas saillante dans le contrat entre présents.

Il en est autrement dans le contrat entre absents. Tout contrat se compose, en effet, d'une offre ou pollicitation adressée à la personne avec laquelle on veut entrer en relations et d'une acceptation de celle-ci. Comment concevoir un contrat qui n'aurait qu'une de ces deux parties ? « *Unius tantum facto ad obligationem interveniente, nunquam contractus existit, quia non est hic duorum consensus quem contractus desiderat* », dit Doneau (*Commentaria juris civilis*, lib. 12, cap. 7).

Ce sont ces deux éléments de tout contrat qui apparaissent lumineusement dans le contrat entre absents et c'est cette distinction formelle entre les deux parties du consentement qui donne lieu à la presque totalité des questions spéciales qui se posent au sujet de ces sortes de contrats.

Cette séparation absolue de l'offre et de l'acceptation nécessite l'intervention d'un facteur nouveau, inconnu dans le contrat entre présents ; ce facteur qui doit servir de trait d'union entre l'auteur de l'offre — l'offrant — et celui qui l'accepte — l'acceptant —, cet agent de transmission de la volonté de l'un à l'autre peut être une personne, un messager, mais le plus souvent ce sera un intermédiaire inanimé : une lettre missive, un télégramme, un message téléphonique ou même phonographique.

Ces genres différents de correspondance touchent à beaucoup de sujets tant du droit civil que du droit commercial. Nous étudierons les principaux et nous nous arrêterons surtout au point de savoir quand et où le contrat se forme.

Cette question qui a été l'objet de controverses nombreuses, qui a passionné les meilleurs esprits, a été résolue législativement dans divers pays. Nous verrons, par exemple, qu'en Allemagne l'article 87 du projet de Code civil et l'article 321 du Code de commerce la règlent formellement et que la Suisse a fait de même, en admettant une solution différente, dans son article 8 du Code fédéral des obligations.

En France, cette matière n'a fait l'objet d'aucun texte législatif. La doctrine est flottante, et presque tous les systèmes ont encore leurs défenseurs. La jurisprudence elle-même est fort divisée. Ce mutisme de nos Codes sur les contrats par correspondance multiplie les questions qui peuvent naître à leur sujet.

Sous l'ancien droit, le nombre restreint des moyens de correspondance, l'existence des grandes foires qui fatalement rapprochaient les commerçants, le peu de développement du commerce, rendaient les conventions entre absents peu fréquentes. Pourtant, sans avoir passionné beaucoup les anciens auteurs, la matière des contrats par correspondance ne les a pas laissés indifférents.

N'avons-nous pas vu, au sujet du contrat *per nuncium*, que Baldus s'était posé la question de savoir où le contrat fait par messager était formé et qu'il avait admis que c'était au lieu où l'acceptant se dessaisissait de son acceptation? Baldus pense sans discussion qu'un tel contrat était possible (1).

De même Lauterbach (2) se préoccupe fort peu de cette dernière question qui selon lui ne faisait aucun

(1) *Contrat per nuncium*, page 76.
(2) *De Nuncio* III, XXV. *Dissertationum academicarum* volumen III (Tubingæ, anno 1778).

doute et suit Baldus sur le lieu de la formation du contrat. « *Hinc si civis Tubingensis*, dit-il, *rem aliquam per nuncium venderet Titio, Lipsiæ existenti, locus contractus in quo contrahentes forum sortiuntur, non esset Tubingæ, unde nuncius mississet, sed Lipsiæ, ubi contrahentes in idem placitum consenserunt.* » Et il cite à l'appui les opinions de Raphaël de Turry et de Nicolas Burgundus.

Mais quand l'intermédiaire, au lieu d'être un messager, était une lettre missive, les anciens auteurs étaient-ils aussi affirmatifs ?

Ils ont résolu d'ordinaire la question en traitant de la preuve même des conventions. En considérant la lettre missive comme un moyen de preuve du contrat par correspondance, ils démontraient, par le fait même, que celui-ci était possible.

Un certain nombre de décisions de la rote de Gênes prouvent que ce mode de contracter était en tous cas admis généralement « *Promissio quæ sit inter absentes per litteras, sicut faciunt mercatores, præsumitur contractus ex quo possunt conveniri* (1).

Toubeau (2) nous a laissé une étude complète de la question. Il croit pour sa part que les lettres sont obligatoires entre marchands et il ne fait que suivre l'opinion « des plus braves auteurs. » Il cite les avis

(1) Rote de Gênes, Décisions 45 n° 3, 48 n° 6, 53 n° 2.
(2) *Institutes du droit consulaire.* Livre II, Tit. I, Chapitre II.

do ces auteurs. Un seul a des doutes, Charondas. Tous les autres sont très affirmatifs et certains vont même fort loin. Zarabella dit, en effet, dans son conseil 153, que les lettres missives doivent avoir force d'instrument public. Marquardus qui rapporte le sentiment de toute son école suit absolument le statut de Hambourg « qui veut que les lettres missives fassent preuve entière ayant force d'actes et d'instruments publics, principalement dans les villes où il y a grand négoce ». Enfin Fulgence les déclare obligatoires, même si elles ne sont pas signées, pourvu que le nom de la personne qui les a écrites soit inséré dans le corps même de la missive.

Mais la jurisprudence est moins affirmative que la doctrine. Toubeau rapporte que dans la Chambre de l'Edit de Castres au mois de juillet 1650, il a été jugé « qu'une lettre écrite par un créancier, par laquelle il mandait à un qui comme lui était créancier d'un particulier, qu'il n'y avait rien à perdre et que la dette était bien assurée, était obligatoire et celui qui l'avait écrite condamné à garantir et faire valoir la dette ». Notons même qu'il ne s'agit pas ici d'un procès commercial, mais bien d'un procès civil.

Il a été ainsi jugé, dit encore Toubeau, malgré un arrêt contraire du Parlement de Toulouse (1).

(1) Un jugement du Tribunal d'appel de Poitiers du 11 Ventôse an X décide formellement qu'en matière de vente le consentement

En résumé, dans l'ancien droit, le contrat commercial fait par correspondance a, selon nous, toujours été possible, les lettres missives ayant été considérées généralement comme obligatoires entre marchands.

La preuve en est encore que l'ordonnance de 1673, dans son article 7, titre 3, veut que « tous négociants et marchands, tant en gros qu'en détail, mettent en liasse les lettres missives qu'ils recevront et en registre la copie de celles qu'ils écriront. » Pourquoi ? Sinon parce que le législateur veut ainsi faciliter la tâche des juges chargés de trouver dans les différents pourparlers qui précèdent un marché la preuve de la convention.

Mais, en matière civile, la solution est moins sûre. Le Parlement de Paris, tout au moins, nous semble bien au contraire repousser la lettre comme moyen de preuve. Il a jugé (1) que dans les actes qui contenaient des engagements synallagmatiques, le seul défaut d'énonciation qu'ils avaient fait en double était suffisant pour les déclarer nuls, même si les deux doubles étaient représentés. Or que sont les lettres, suivant le Parlement de Paris, sinon des actes

des parties ne peut être donné par lettres parce que chaque partie peut à sa guise les faire disparaître. Notons que ce jugement est antérieur au Code. Sirey, Collect. nouv. 1. 2. 59.

(1) Voir de Grainville. Arrêts de la 4e Chambre des enquêtes. page 101.

de cette nature ? Et il est impossible d'y insérer la mention fait double.

Sans insister davantage sur l'ancien droit, nous envisagerons tout de suite la question de nos jours, tant en France que dans les législations étrangères. Avant de parler de la formation du contrat qui est le point principal de la matière et des divers systèmes qui ont été émis à son occasion, nous en indiquerons l'intérêt même. Nous analyserons ensuite l'offre et l'acceptation en les prenant séparément au point de vue de la correspondance. Nous verrons qu'au sujet de la preuve, de la transcription, ces contrats présentent des particularités remarquables. Nous parlerons de quelques intermédiaires spéciaux et revenant pour finir sur la question capitale de notre sujet, la formation du contrat, nous la traiterons au point de vue du droit international privé.

CHAPITRE I

FORMATION DU CONTRAT PAR CORRESPONDANCE

Section I. — Intérêt de la question tant au point de vue du droit civil que du droit commercial.

Au sujet des contrats par correspondance, avons-nous dit, une question surtout se pose, celle de leur formation. Mais avant d'entrer dans le détail des différents systèmes qui se sont produit⸱ ⸱⸱ce point, il est bon de rechercher quel peut être l'intérêt même de la question.

Cet intérêt est multiple. Voyons-en les principales manifestations.

1. — D'après l'article 420 du Code de Procédure civile, le demandeur, en matière commerciale, peut assigner à son choix devant le tribunal du défendeur, devant celui dans l'arrondissement duquel le paiement devra être effectué ou devant celui dans l'arrondissement duquel la promesse a été faite et la marchandise livrée. Le tribunal, dans le ressort duquel la promesse a été faite, est le tribunal du lieu où le contrat s'est formé et le demandeur n'a le choix

de la troisième hypothèse que si ces deux conditions sont remplies, celles-ci étant exigées impérativement. Mais partout où elle trouve cette double condition accomplie, la jurisprudence en fait une application très large. Elle permet cette compétence spéciale, non seulement en cas de vente commerciale, mais encore en cas de contrat de louage d'ouvrage ou de services présentant un caractère commercial, en cas de contrat de mandat, d'assurance, de transport, de commission, d'ouverture de crédit faite par un banquier à un commerçant.

Il n'y a qu'une exception à cette règle de l'article 420. En matière de faillite toute action née de la faillite doit être portée devant le tribunal qui l'a déclarée, c'est-à-dire devant le tribunal du failli (Article 59, alinéa 7, Code de procédure et article 635 du Code de commerce).

2. — L'article 1138, alinéa 2, est ainsi conçu: «Elle (l'obligation de livrer) rend le créancier propriétaire et met la chose à ses risques dès l'instant où elle a dû être livrée...» Il ne faut pas prendre cette formule à la lettre. Dans une convention à terme en effet, la propriété est transférée, non du jour de l'arrivée du terme, comme l'article 1138 pourrait le laisser croire, mais du jour du contrat. Le terme ne suspend pas les effets du contrat mais seulement son exécution. Cette expression « dès l'instant où elle a dû être li-

vrée, est donc amphibologique. Elle pourrait être remplacée par celle-ci : « dès l'instant où la livraison a été dûe (1), c'est-à-dire du moment de la convention.

« Par conséquent du moment de la convention, le créancier — il s'agit ici seulement du créancier d'un corps certain — devient propriétaire de la chose promise et les risques passent à sa charge.

3° C'est au moment de la formation du contrat qu'il faut se placer également pour savoir si une personne est capable. Les changements de capacité sont fréquents. La minorité, l'interdiction légale et judiciaire, l'état de faillite ou de liquidation judiciaire sont autant de phases où la vie juridique de l'individu est paralysée et même quelquefois complètement anéantie.

Il est facile de concevoir une personne qui, entre l'offre et l'acceptation ou même, entre le moment de l'acceptation et celui où elle parvient à l'offrant, devient incapable. Prenons le cas d'un interdit judiciaire. Avant son interdiction, il a fait un contrat. Si au moment de la formation de ce contrat il était dans un état d'imbécillité notoire, conformément à l'article 503 du Code civil, la nullité en sera prononcée. Or, cet état d'imbécillité ou de démence se produit souvent subitement. Une maladie soudaine,

____

(1) Colmet de Santerre, n° 55 bis, page 71, Tome V.

un accident ne peuvent-ils pas priver tout d'un coup de la raison ?

Une hypothèse analogue est celle de la faillite ou de la liquidation judiciaire. Le jugement déclaratif prononcé, le failli et l'individu en état de liquidation judiciaire sont de véritables incapables par rapport à la masse.

D'autre part, l'article 446 du Code de commerce déclare nul et sans effet, relativement à la masse, certains actes qui ont été faits par le débiteur depuis l'époque déterminée par le Tribunal comme étant celle de la cessation des paiements ou dans les dix jours qui précèdent cette époque. La loi voit à ces actes un caractère frauduleux. Qui déterminera ce moment de la cessation des paiements du débiteur ? C'est là une pure question de fait laissée à l'appréciation des juges. Or, avant le commencement de ce délai de dix jours, le débiteur a pu accepter une offre et il est facile d'imaginer que son acceptation n'est arrivée à l'offrant que lorsque le délai était déjà entamé. Selon, par conséquent, qu'on placera la formation du contrat au moment où l'acceptation sort des mains de l'acceptant ou au moment où elle arrive à l'offrant, le contrat sera nul ou valable.

4° Les créanciers qui intentent l'action paulienne ou révocatoire de l'article 1167 attaquent les actes de leur débiteur faits en fraude de leurs droits. Ces droits découlent de l'article 2093 du Code civil qui attribue comme gage à tout créancier le patrimoine de son débiteur. Mais ce gage doit être apprécié au moment de l'acte par lequel le demandeur à l'action paulienne est devenu créancier. Tout contrat passé antérieurement ne peut le léser. Il n'est pas fondé à attaquer un acte qui aurait diminué le patrimoine de son débiteur, alors qu'il n'était pas encore son créancier. C'est donc au moment même du contrat qu'il faut se placer pour apprécier la recevabilité de son action.

5° D'après l'article 100 du Code de commerce, les marchandises sorties des magasins de l'expéditeur voyagent, sauf convention contraire, aux risques et périls de celui à qui elles appartiennent. En général, l'acheteur en est propriétaire dès leur sortie des magasins, la vente étant dès lors la plupart du temps parfaite. Mais supposons par exemple que Pierre de Paris ait besoin de deux mille sacs de blé et demande à Paul de Marseille de les lui vendre. Celui-ci répond par lettre que le marché est conclu et en même temps expédie les sacs. Qui supportera un accident arrivé en cours de route à ces marchandises ? Déclare-t-on que les parties sont liées dès que l'acceptant s'est dessaisi de son acceptation ? C'est l'acheteur Pierre qui est propriétaire, le contrat étant formé ;

c'est donc lui qui supportera toutes les pertes et avaries survenues pendant le voyage. Admet-on au contraire que c'est seulement lors de l'arrivée à l'offrant de l'adhésion de son co-contractant que le contrat se forme ? Le destinaire Pierre peut prouver qu'au moment de l'accident il n'était pas touché de la réponse de l'expéditeur et que les marchandises appartenaient à ce dernier. Imaginons même que Pierre se soit simplement ravisé et, qu'avant réception de la lettre d'acceptation, il ait télégraphié à Paul de considérer le marché comme non avenu, d'après la dernière opinion qui vient d'être émise, il pourra refuser les marchandises à leur arrivée. Celles-ci resteront au compte de l'expéditeur qui sera en droit de demander à leur destinataire des dommages-intérêts, mais non l'exécution d'un contrat que la rétractation de l'offrant a empêché de se former.

6° Il arrive fréquemment qu'un commerçant achète ou vende des marchandises au cours du marché. Une vente est conclue et l'on convient que le prix de la marchandise sera celui du cours moyen pendant la journée. De quelle journée s'agit-il, sinon de celle où le contrat se forme ? La fixation en est d'autant plus importante que les cours peuvent varier considérablement d'un jour à l'autre.

7° Enfin les parties contractantes peuvent se

trouver dans deux pays différents. Si elles n'ont pas désigné la loi qu'elles veulent suivre, si d'aucune manière elles n'ont manifesté leur volonté, quelle loi appliquera-t-on à leur contrat? Il est généralement admis en France que la loi prépondérante est celle du lieu où le contrat a été fait, la *lex loci contractus*. Nous insisterons du reste sur ce dernier intérêt que présente la question de la formation du contrat. Nous devons étudier maintenant cette question elle-même.

Section II. — Du moment et du lieu de formation du contrat par correspondance

Nous admettons tout d'abord que les parties ont la liberté la plus absolue de fixer elles-mêmes le moment la formation du contrat, d'en indiquer le lieu. La convention, en effet, faisant leur loi, comment leur dénier ce droit ? Il y a là une sorte d'autonomie de la volonté dont toute manifestation est permise, à moins qu'elle ne se heurte à l'impossible ou à l'illicite. Nous respecterons donc la volonté des parties, qu'elle soit expressément exprimée ou qu'elle ne soit que sous-entendue. Par conséquent, dans ce dernier cas, le contrat devra être examiné, disséqué dans toutes ses phases, les préliminaires devront en être scrupuleusement recherchés et, ce n'est qu'en l'absence d'une manifestation quelconque de la volonté des parties, qu'on suivra l'un ou l'autre des systèmes que nous allons examiner. Ce n'est donc pas une règle absolue et générale que nous poserons pour tout contrat par correspondance. Cette règle, en effet, nous ne l'appliquerons que subsidiairement, qu'à la dernière extrémité, quand aucun indice ne nous sera fourni pouvant nous mettre sur la trace d'une intention des co-contractants, quand, en un mot, d'aucun des éléments du contrat il ne découlera que les parties auront choisi un moment, un lieu plutôt qu'un autre (1).

Prenons le cas d'absence complète de toute manifestation de volonté et recherchons, dans ces conditions, à quel moment doit se former le contrat.

Mais d'abord comment se pose la question ? Nous choisirons l'hypothèse la plus simple d'un contrat par correspondance, nous réservant d'examiner plus loin les diverses circonstances de fait et de forme qui peuvent influer sur son existence.

Paul de Paris écrit à Pierre de Marseille : « je suis vendeur de mille sacs de blé au prix de vingt et un francs le sac, les voulez-vous ? » Pierre répond.

(1) La question de temps et la question de lieu étant liées l'une à l'autre, nous nous placerons indifféremment dans l'une ou dans l'autre hypothèse.

« J'accepte.» Le marché est conclu. Mais quand l'a-t-il été ? Quand cette vente est-elle devenue parfaite ? A quel moment en un mot est née pour Paul de Paris l'obligation de livrer les sacs de farine, pour Pierre de Marseille celle d'en payer le prix ?

Nous n'avons pas, dans notre législation, de disposition spéciale à ce sujet. Aussi diverses opinions se sont-elles fait jour. Deux systèmes surtout groupent autour d'eux le plus grand nombre de partisans. Nous les examinerons tous les deux et nous en dirons ensuite succinctement les principales modifications.

Le contrat dit une opinion se forme au moment où Pierre à qui l'offre a été faite accepte ou plutôt se dessaisit de son acceptation.

Selon l'autre opinion, le contrat n'est parfait qu'au moment où l'acceptation de l'offre est connue du pollicitant.

Le premier système porte le nom de système de l'émission, le second celui de système de l'information.

§ 1. — *Systèmes de l'émission (Absendungstheorie et de l'information (Agnitionstheorie-Vernehmungstheorie)*

Admettant le système de l'émission, nous essayerons de montrer qu'il est celui qui se rapproche le plus des vrais principes juridiques et le seul réellement admissible en l'absence de texte législatif spécial.

Un contrat est l'accord de deux volontés dans un même but juridique. Donc, dès que ces deux volontés se seront rencontrées, dès qu'entre elles l'union sera faite, le contrat existera produisant son plein et entier effet.

Reprenons notre espèce. Paul fait une offre à Pierre. Au moment où il lui envoie la lettre qui contient cette offre, nous entrons simplement dans les préliminaires du contrat. Paul, sauf s'il s'est lié les bras en se déclarant tenu pendant un certain temps, peut se rétracter. L'offre arrive à Pierre, celui-ci en prend connaissance. Paul a toujours la même faculté de faire considérer sa proposition comme non avenue. Mais voilà que Pierre se décide à accepter cette proposition. Il répond à Paul « j'accepte. » Tant qu'il garde la lettre, il a bien la volonté d'accepter mais cette volonté est muette ; c'est un *propositum in mente retentum*. Mais s'il met sa lettre à la poste, il se dessaisit de son acceptation et, de ce dessaisissement même, naît le contrat parce qu'à ce moment les deux volontés de Paul et de Pierre se sont réellement et effectivement rencontrées sur un même point. N'est-ce pas ce qui se passe également dans le contrat entre présents ?

Supposons les deux contractants l'un en face de

l'autre. Le contrat ne sera-t-il pas formé au moment où Paul aura dit « j'accepte », au moment précis, en un mot, où sa volonté se sera unie à la volonté de Pierre ?

A cela les partisans de l'information disent qu'une acceptation qui ne s'est pas manifestée n'existe pas. Certes, nous aussi, nous admettons qu'une volonté non manifestée n'a aucune valeur juridique et nous n'en tenons aucun compte. Mais nous prétendons que nous nous trouvons ici en présence d'une volonté parfaitement nette et ce caractère lui vient du dessaisissement même. Que si l'acceptant a écrit la lettre, puis se ravisant, la déchire, il y aura bien eu là *propositum in mente retentum* inefficace pour former le contrat. Supposons même qu'après avoir fait sa réponse, il la conserve par devers lui, se réservant ainsi de réfléchir encore aux conditions du marché, la situation n'aura pas changé. Mais par le seul fait qu'il aura mis sa lettre à la poste ou lancé son télégramme, il aura suffisamment exprimé sa volonté et le contrat sera irrévocablement formé.

On insiste et l'on dit que le dessaisissement n'est qu'apparent. L'acceptant n'est pas du tout complètement dessaisi de son acceptation, affirme-t-on, quand il a mis sa lettre à la poste, remis son télégramme à l'employé du bureau. Ceci a pu être vrai longtemps, mais aujourd'hui que l'expéditeur peut reprendre sa lettre tant qu'elle n'est pas partie, retenir son télégramme tant qu'il n'est pas lancé, il n'est plus véritablement dessaisi.

L'article 389 de l'instruction générale sur le service des Postes donne en effet à l'expéditeur le droit de retenir sa lettre ou son télégramme tant qu'ils ne sont pas partis, en accomplissant certaines formalités. Un avis du Conseil d'Etat du six août 1883 lui permet de reprendre sa lettre tant qu'elle n'est pas remise au destinataire (1).

Qu'importe cette disposition ? Ne peut-on pas soutenir que l'administration des postes outrepasse ainsi ses droits ? Il est généralement admis qu'aussitôt remise au dépôt public qui est la poste, la lettre appartient au destinataire. L'article 389 de l'instruction le lèse donc. De plus, l'avis du Conseil d'Etat ne nous sembl° pas dans le vrai quand il a poussé jusqu'à ses dernières limites l'idée de l'instruction générale en permettant à l'expéditeur de reprendre sa lettre jusqu'au moment où elle est remise au destinataire. Il en donne comme raison que la poste est le mandataire de l'expéditeur, révocable donc à son gré. Or, il n'y a pas ici un mandat mais bien un louage de services (2).

(1) En fait, il est fort difficile de reprendre une lettre mise à la poste.

(2) Voir chapitre V, section I.

De plus, c'est là une pure question de fait qu'il ne faut pas confondre avec le point de droit. Qu'avons-nous exigé pour qu'il y ait coexistence des deux volontés ?

Nous appuyant sur les principes juridiques, nous avons montré qu'aussitôt que la volonté de l'acceptant avait été suffisammeut manifeste pour ne laisser aucun doute sur son existence, elle se rencontrait avec la volonté de l'offrant et que c'était de cette rencontre même que naissait la convention. Nous avons dit, en outre, que le seul fait de remettre la lettre à la poste était pour nous une preuve suffisante de la manifestation de la volonté de l'acceptant, puisqu'à ce moment cette volonté n'était réellement plus *propositum in mente retentum*, puisque celui qui s'en dessaisissait avait bien conscience que, par ce dessaisissemennt même, il s'obligeait envers celui qui lui avait fait l'offre. Peu importe qu'après il puisse reprendre cette lettre. Du moment qu'il l'a remise dans ce dépôt public qu'on nomme le bureau de poste, par le fait même de ce dépôt dès que le consentement est ainsi donné, il est acquis à celui à qui il s'adresse, comme si celui-ci l'avait reçu. Le contrat est formé tellement bien que, si la lettre ayant été reprise, le destinaire pouvait quand même, par impossible, prouver par un moyen quelconque que par elle son offre était agréée, nous lui donnerions le droit de le faire exécuter.

Le système de l'information dit encore : il ne peut y avoir concours de volontés qui s'ignorent ; il y a coexistence mais non concours tant que l'acceptation n'est pas parvenue à la connaissance de l'offrant. Il faut un échange mutuel de volontés ; or, pour que cet échange mutuel puisse se produire, il est indispensable que chacune des parties se soit non-seulement dessaisie de son consentement mais que de plus elle se soit saisie du consentement de l'autre partie, et l'on ajoute que c'est là, en somme, ce qui se passe dans le contrat entre présents, celui-ci n'étant formé, affirme-t-on, qu'autant que chacune des parties a exprimé sa volonté et a été touchée de celle de son adversaire.

Mais cet échange mutuel n'est pas nécessaire à la formation du contrat entre présents. En fait, il a lieu parce que la nature même du contrat le veut ainsi. L'intervalle de temps entre le moment où l'une des parties dit le mot « j'accepte » et celui où l'autre l'entend est inappréciable, mais il n'en est pas moins certain que c'est l'acceptation elle-même qui fait naître le lien obligatoire. Le législateur admet bien, en effet, que toute convention est un concours de deux volontés : *duorum in idem placitum consensus.*

L'idée même du contrat donnée par le législateur impose donc cette solution.

Quelle subtilité n'y a-t-il pas en outre à distinguer entre la coexistence et le concours ? Quelle différence peut-on trouver entre eux ? L'un et l'autre n'expriment-ils pas une rencontre pure et simple de deux choses, dans l'espèce, de deux volontés ? Mais admettons un instant que cette différence existe. Le concours exige, d'après nos contradicteurs, que celui qui a manifesté d'abord sa volonté soit en quelque sorte en possession de la volonté de l'autre partie. Poussons donc cette idée jusqu'au bout. Ne faudra-t-il pas qu'à son tour l'acceptant soit saisi de l'acceptation de son acceptation émanée de l'offrant ? Mais où nous arrêterons-nous ? Et quand pourrons-nous dire véritablement qu'il y a concours de deux volontés, que les deux volontés se sont réciproquement possédées ?

La coexistence des volontés n'est-elle pas suffisante dans un cas absolument certain, celui où, au lieu de répondre, l'acceptant exécute tout simplement la proposition qui lui était faite ? Par l'exécution, le contrat sera formé irrévocablement sans que cette exécution ait besoin d'être connue du pollicitant. Il y a là dans l'exécution même une preuve du consentement absolument irrécusable. Le lieu de formation du contrat sera donc celui où l'acceptant l'aura exécuté, où, par le fait de l'exécution seule, puisque nous avons admis qu'il n'avait pas répondu, la co-existence des deux volontés se sera produite. Il y a là un exemple d'acceptation tacite. Pourquoi n'en serait-il pas de même au cas d'acceptation expresse?

Les partisans du système de l'information préten-dent trouver dans le Code lui-même un argument en leur faveur, duquel ils inféreraient que leur sys-tème est bien celui du législateur.

Lisons avec eux l'article 932 du Code civil. « La donation entre vifs n'engagera le donateur et ne produira aucun effet que du jour qu'elle aura été acceptée en termes exprès.

« L'acceptation pourra être faite du vivant du donateur par un acte postérieur et authentique dont il restera minute ; mais alors la donation n'aura d'effet à l'égard du donateur que du jour où l'acte qui constatera cette acceptation lui aura été notifié. »

Par conséquent, la donation, acceptée par acte séparé, ne lie le donateur qu'au moment où l'ac-ceptation a été portée à sa connaissance. Tant que l'acceptation ne lui aura pas été notifiée, le donateur aura la libre disposition des biens donnés.

Le système de l'information prétend que cette so-lution n'est que l'application d'un principe général. Nous disons, au contraire, que ce n'est là qu'une déci-sion isolée, spéciale aux donations, une véritable ex-ception aux principes de notre Code. Personne n'i-

gnore en effet que le législateur s'est montré spécialement exigeant pour tout ce qui touche aux conditions d'existence et de validité des donations. Il
les a entourées de formalités sans nombre, susci-
tant pour ainsi dire à plaisir les cas de nullité et
semblant ainsi montrer que c'était bien à un régime
spécial qu'il voulait les soumettre. La règle de l'article 932 se rattache aux solennités prescrites pour
les donations ; il ne faut voir dans l'acceptation
notifiée du donataire qu'une formalité nouvelle.

M. Laurent, dans l'avant-projet de révision du
Code civil belge, est d'avis d'admettre le système de
l'information (1). Le savant auteur distingue, lui
aussi, entre le concours et la coexistence des volontés. Nous avons montré quelle subtilité il y a dans
une telle distinction. Il s'appuie également sur l'article 932 et en tire un argument fort spécieux. Il
distingue entre la connaissance donnée de l'acceptation au donateur, manifestation de volonté non
solennelle, exigée d'après l'article 932 pour qu'il
y ait contrat, et la notification de cette acceptation
qui est solennelle, parce qu'en matière de donation
les formes sont solennelles.

(1) Tome II, page 25. Article 1058. Le consentement se forme
par le concours de l'offre et de l'acceptation. L'acceptation donnée
par lettre n'oblige le pollicitant que lorsqu'elle est parvenue à sa connaissance.

Le contrat se forme au lieu où l'offre a été faite et où l'acceptation est reçue.

Il y aurait en un mot deux hypothèses à envisager dans l'article 932. Dans la première, le législateur se serait placé au point de vue du fond ; il aurait alors posé une règle générale et aurait dit que la convention n'existait qu'autant que l'acceptation était connue de celui qui avait émis l'offre. Dans la seconde, il aura envisagé une pure question de forme, spéciale alors aux donations. Que de subtilité ! Telle n'a pas été certainement la pensée du législateur. L'article 932 n'édicte qu'une règle de forme, et nous n'en voulons comme preuve que sa place. N'est-il pas en effet dans une section qui traite de la forme des donations entre vifs ? Il n'est donc guère présumable que le législateur ait timidement glissé dans une telle section une règle concernant le consentement, aussi importante, aussi capitale !

En réponse à l'argument tiré de l'article 932, le système de l'émission peut invoquer en sa faveur les articles 1121 et 1985 du Code civil, qui donnent bien l'idée véritable du législateur sur la matière.

« On peut pareillement stipuler au profit d'un tiers, dit l'article 1121, lorsque telle est la condition d'une stipulation que l'on fait pour soi-même ou d'une donation que l'on fait à un autre. Celui qui a fait cette stipulation ne peut plus la révoquer, si le tiers a déclaré vouloir en profiter. » Donc, dans certains cas déterminés, la stipulation faite par une personne au profit d'une autre est valable. Elle est sanctionnée par une action du stipulant et le droit naît au profit d'un tiers. L'article 1121 ajoute que ce tiers ne peut souffrir d'un changement de volonté des parties entre lesquelles le contrat aurait été formé, mais seulement s'il a accepté. Et l'article 1121 n'exige nullement pour que le droit du tiers soit définitif, que son acceptation soit portée à la connaissance de l'offrant. N'y a-t-il pas là une grande analogie avec notre cas ? Le tiers, dès qu'il accepte, en effet, est considéré comme partie au contrat. N'est-il pas permis de conclure de l'article 1121 que la règle posée pour les rapports du tiers et de l'une des parties est la même pour ceux des deux parties contractantes ?

L'article 1985, § 2, du Code civil, vient encore fortifier cette règle.

« L'acceptation du mandat, dit-il, peut n'être que tacite et résulter de l'exécution qui lui a été donnée par le mandataire. » Le contrat de mandat est, par conséquent, formé par une acceptation tacite. Une notification de l'acceptation à l'auteur de l'offre est inutile. Mais, dira-t-on, il faut distinguer entre les contrats qui se forment par acceptation tacite et ceux qui deviennent parfaits par une acceptation expresse. On a pu établir cette distinction en législation ; il n'est pas possible de l'admettre en droit français, en l'absence complète de textes.

Enfin une dernière objection subsiste.

Vous admettez, nous disent les partisans de l'information, que généralement l'auteur de l'offre pourra la rétracter jusqu'au moment où l'autre partie se sera dessaisie de son acceptation ; c'est donc un avantage que vous faites à l'offrant ; cet avantage, vous le refusez à l'acceptant. Il y a là entre les deux parties une véritable inégalité qui n'existe pas dans notre système, puisque pour nous le contrat ne se forme qu'au moment où l'offrant est saisi de la réponse de l'acceptant, et qu'ainsi celui-ci peut jusqu'à ce moment se rétracter. De plus, les contrats par correspondance étant le plus souvent des contrats commerciaux et le commerce exigeant que la plus grande latitude soit laissée aux parties contractantes, vous liez trop tôt les bras de l'acceptant qui peut avoir lui aussi un intérêt capital à se dédire.

Certes, au premier abord, il semble qu'il y ait inégalité entre les parties : nous donnons à l'une le pouvoir de se rétracter, nous le dénions à l'autre. Cette inégalité n'est qu'apparente. Si en fait elle paraît exister, en droit elle n'est pas. Qu'est-ce que l'offre, en effet, tant qu'elle n'est pas arrivée à celui qu'elle veut toucher ? Nous n'irons pas jusqu'à

dire que c'est un *propositum in mente retentum* puisqu'elle exige une véritable manifestation de volonté
de la part de celui dont elle émane, mais c'est en
tous cas quelque chose d'analogue, une manifestation sans valeur juridique. L'offrant, en un mot,
tant que l'acceptant, n'a pas été touché de sa lettre,
n'est pour ce dernier qu'un tiers qu'aucun lien de
droit n'oblige. Supposons même que la lettre soit
parvenue à son destinataire. Celui-ci réfléchit aux
conditions du marché; rien encore n'est changé dans
la situation des deux parties; l'offrant n'est pas plus
lié que celui auquel il s'adresse. Mais celui-ci peut
par le fait même de son acceptation créer le lien de
droit qui formera le contrat. C'est de lui seul que
dépend son existence. L'offrant, dira-t-on, peut toujours se rétracter tant que le futur acceptant n'a pas
pris parti, c'est donc de lui seul que dépend le contrat. C'est là une erreur. La formation du contrat
dépend beaucoup plus de l'acceptant que de l'offrant, et c'est ainsi que l'inégalité apparente qui
semble exister entre les deux parties disparaît complétement. Si l'un a en effet jusqu'à un certain moment le pouvoir de se rétracter, l'autre a entre
les mains la création elle-même du contrat, faculté
non moins précieuse que la première.

N'est-ce pas de plus un avantage pour l'acceptant
que l'offrant soit obligé de se soumettre à la compé-

tence de juges qui ne sont pas les siens, et peut-
être à des usages locaux qu'il ignore ?

Les besoins du commerce exigent, dit-on, que l'acceptant puisse se rétracter. Cette faculté donnée à
l'acceptant est plutôt nuisible, au contraire, à l'intérêt du commerce. Que sera, en effet, cette rétractation qui ne viendra peut-être qu'après une assez
longue réflexion ? Ce sera souvent presqu'une fraude,
tout au moins un manquement à la bonne foi
qui doit exister dans tous les marchés, de la part
de l'acceptant Paul, à qui Pierre a fait une offre
de vente, a répondu « j'accepte vos sacs de blé au
prix de vingt et un francs le sac ». Son acceptation
partie, il apprend que le cours du blé est beaucoup
plus bas, qu'il a fait une mauvaise affaire, ou bien un
concurrent de l'offrant vient lui faire une proposition plus avantageuse. Il écrit immédiatement à
Pierre de considérer son acceptation comme non
avenue, que le contrat n'existe pas. Pour que cette
rétractation soit faite ainsi par lettre, il faut supposer
que celui qui rétracte, dépose sa seconde lettre pour
la même levée que la première, dans les villes où il
y à plusieurs levées, et tout au moins qu'il l'envoie
par le même courrier. L'acceptant pourrait aussi
faire sa rétractation par un télégramme qui parvien-
drait à l'offrant avant sa lettre d'acceptation. L'offrant Pierre a eu toutes les mauvaises chances du

marché, l'acceptant Paul les bonnes. Au détriment de qui y a-t-il ici inégalité, si elle existe ?

Ajoutons que l'intérêt même du commerce est la célérité des contrats commerciaux. Or, plus on facilitera la formation des contrats, plus ils seront rapides, plus on approchera de l'idéal. Dans notre système, nous abrégeons la période de formation, du temps qui sépare l'émission de l'acceptation de son arrivée à l'offrant. Ce laps de temps peut être long. Si donc des incapacités s'y produisent, si l'une des parties contractantes vient à mourir dans l'intervalle, le contrat n'en restera pas moins debout.

§ 2. — *Système de la déclaration.* (*Aeusserüngstheorie, Declarationstheorie*)

Le principe que nous suivons dans le système de l'émission a donné lieu à une autre théorie. Certains de ses partisans, voulant pousser trop loin l'idée de coexistence de deux volontés, prétendent que le contrat existe dès que l'acceptant a écrit sa lettre ou son télégramme : c'est le système de la déclaration.

Nous avons déjà dit qu'il n'y avait là qu'un *propositum in mente retentum* insuffisant pour créer le lien droit. De plus, en admettant ce système, une question se poserait pour nous insoluble. Quels seraient en effet les actes suffisamment déclaratifs de l'acceptation ?

Quand pourrait-on dire et prouver qu'il y a bien eu véritablement acceptation ? Une partie à qui une offre a été faite, a, par exemple, répondu qu'elle acceptait ; elle a déchiré ensuite sa lettre, l'a fait disparaître. D'après le système de la déclaration, il y a contrat. Mais aucune trace, aucun vestige n'en reste. Il y a là une impossibilité matérielle d'en prouver l'existence qui, si même un tel système était conforme aux principes du droit, devrait le faire rejeter. Dans le système de l'émission, au contraire, le timbre et les registres de la poste seront des moyens de preuve certains.

En tous cas, en pratique, le système de la déclaration ne diffère du nôtre qu'au point de vue du moment de la formation du contrat. Le lieu de sa formation sera le même, puisqu'il est fort probable que c'est à l'endroit où il aura écrit sa lettre, que l'acceptant la jettera à la poste. Aussi souvent ces deux systèmes différents n'ont-ils pas été distingués par les auteurs.

§ 3. — *Système de l'émission avec possibilité donnée à l'acceptant de se rétracter.*

Certains partisans du système de l'émission y apportent un tempérament. Frappés de l'état d'infériorité dans lequel on place, selon eux, l'offrant par rapport à l'acceptant et voulant rétablir l'égalité qui doit exister entre les deux parties contractantes, ils accordent à l'acceptant la faculté de rétractation que tout le monde est d'accord pour donner à l'offrant, et ainsi, tant que l'acceptation n'est pas arrivée à l'offrant, l'acceptant peut en quelque sorte la rattraper au vol (1).

M. Girault avoue qu'en donnant cette solution, qu'il dit commandée par le bon sens et la bonne foi, il préfère l'équité à la stricte logique et que les règles du droit doivent être entendues et appliquées avec modération. *Summum jus*, ajoute-t-il, *summa injuria*. Si, comme il le prétend, en admettant le système de l'émission, nous commettions une aussi grande iniquité, peut-être le suivrions-nous. Mais où est donc cette injustice ?

Notre solution, tout en se laissant guider strictement par les principes de notre Code sur le consentement, ne maltraite pas une partie et ne donne pas à l'autre tous les avantages. En réfutant le système de l'information, nous avons essayé de montrer que, si, à première vue, les deux situations de l'offrant et de l'acceptant semblaient inégales, en somme, cette inégalité n'était qu'apparente, que de

(1) Girault, *Contrats par correspondance*, n° 94.

plus, l'intérêt même des affaires semblait exiger que l'acceptant n'eût pas la faculté de se rétracter.

Nous allons même plus loin, et prétendons qu'en introduisant dans le système de l'émission une telle exception, on favorise beaucoup trop l'acceptant, puisqu'on lui donne le pouvoir exorbitant de rompre sans le consentement de son co-contractant un contrat déjà formé.

On ne peut donc pas, à propos de notre solution, répéter le vieil adage « *summum jus, summâ injuria* » et nous faire un grief d'être conséquents avec le principe que nous avons admis et qui nous semble être celui qui a été établi dans divers passages du Code par le législateur lui-même.

§ 4. — *Système de la réception* (*Empfangstheorie*).

Le système de l'information présente un sérieux inconvénient au point de vue de la preuve. Comment arrivera-t-on à démontrer que c'est à tel moment précis que l'offrant a pris connaissance de la lettre d'acceptation ? De plus, en admettant que la preuve soit possible, l'offrant, dans son intérêt même, peut tarder à lire cette lettre, ne pas la décacheter. Il peut voyager, et tant qu'il ne sera pas de retour, le contrat restera en suspens. D'où des incertitudes sans fin ! Certains auteurs ont alors admis une théorie mixte et ont dit qu'il suffisait, pour que le contrat fût formé, que l'acceptation fût arrivée chez l'offrant.

Celui-ci n'a plus besoin, comme dans le système de l'information, d'avoir pris connaissance de la réponse de l'autre partie; il suffit que la poste ait remis cette réponse chez lui. Il peut être absent, la lettre restera longtemps à son domicile sans qu'il puisse en prendre connaissance, le contrat n'en sera pas moins formé au moment où il l'a reçu, et grâce au timbre de la poste la preuve en sera facile.

Si, comparée à la théorie de l'information, le système de la réception, offre au point de vue de la preuve un avantage, au point de vue des principes, il lui est bien inférieur. Ou bien, en effet, pour user d'une distinction que nous empruntons aux partisans de l'information, il faut le concours des deux volontés, ou bien la seule coexistence suffit. Mais entre les deux, il n'y a pas de place pour une troisième idée du consentement.

§ 5. — *Des systèmes qui admettent que la coexistence des volontés suffit pour former le contrat en doctrine et en jurisprudence. Étude de législation comparée.*

MM. Aubry et Rau (1) préconisent le système de l'émission. Ils sont d'avis, en effet, que le contrat est parfait dès que l'acceptation a eu lieu ; mais, disent-ils, elle n'a véritablement lieu, elle n'est véritablement efficace au point de vue de la formation du contrat « qu'alors qu'elle a été annoncée par un moyen de communication ou de transmission qu'il n'était plus au pouvoir de l'acceptant d'arrêter ou d'anéantir. C'est ce qui a lieu, par exemple, quand une offre a été acceptée au moyen d'une lettre déposée à la poste ou d'un télégramme.

MM. Duranton (2), Demolombe (3), Duvergier (4). l'admettent également. C'est avec raison, dit ce dernier auteur (5) que M. Duranton applique ici la maxime : « *Quæ per rerum naturam sunt certa non morantur obligationem licet apud nos incerta sint (6).* »

(1) Tome IV, § 343.
(2) XVI, 45.
(3) XXIV, 72 à 73.
(4) *De la vente*, 1, 58.
(5) § 61.
(6) *Institutes*, Livre 3, titre 16. *De verborum obligationibus*, § 6.

M. Boistel (1) admet le système de l'émission, mais avec des tempéraments, en tenant compte des faits et de l'intention des parties. Nous avons respecté l'intention des parties et avons dit que ce n'était qu'en cas de mutisme absolu de leur part, qu'il fallait se ranger à l'un des divers systèmes émis sur la matière.

MM. Lyon-Caen et Renault (2), suivent le système de l'émission, mais permettent à l'acceptant de se rétracter tant que sa rétractation ne cause pas de préjudice à l'auteur de l'offre qui ignore l'acceptation.

Parmi les anciens auteurs, Pothier (3), en disant qu'il faut que la volonté de l'offrant ait persévéré jusqu'au moment où l'autre partie aura déclaré qu'elle acceptait le marché, fixe bien à ce moment la formation du contrat, malgré l'opinion contraire émise au sujet de ce texte par Merlin, et malgré celle de M. Bugnet qui dit (note 3). « Et il serait bon d'ajouter : et que cette acceptation sera notifiée à l'autre partie. »

Casaregis (4), emploie une fiction, inutile à notre sens, pour expliquer son système. Il cite l'exemple

(1) *Droit commercial*, § 443.
(2) *Traité de droit commercial*, tome III, n° 27.
(3) *Vente*, n° 32.
(4) *Discursus legales de commercio*, Dis. 179, n° 1.

d'un marchand de Gênes qui offre par lettre à son correspondant de Venise des marchandises. L'offre est-elle acceptée? C'est à Venise que le contrat est accompli.

C'est là, en effet, que les consentements se réunissent, c'est comme si le vendeur était présent « *quia fingitur medio litterarum esse Venetii præsens, ibique venditionem mercium cum veneto concludere* (1). »

La jurisprudence a tranché la question, surtout au point de vue de la compétence commerciale et du lieu de formation du contrat, si bien qu'on ne saurait dire exactement lequel elle admet des trois systèmes qui disent que la coexistence des volontés suffit pour former le contrat. La Cour de Poitiers semble pourtant bien se ranger au système de l'émission, quand elle dit qu'en droit un contrat est formé au lieu où l'offre est acceptée et d'*où a été envoyée la lettre d'acceptation* (2).

La jurisprudence anglaise décide que le lieu de formation du contrat est celui d'où est partie la réponse de l'acceptant (3).

(1) Voir également dans le même sens, Baldus et Lauterbach (*loc. cit.*). — Marcadé sur l'article 1108, n° 3. — Serafini. *Le télégraphe dans ses rapports avec la jurisprudence civile et commerciale*, § 20. — Championnière et Rigaud. *Traité des droits d'enregistrement*, tome I, n° 189.

(2) Poitiers, 21 janvier 1891 (*Gaz. Pal.*, 1891, I, 297). Paris, 30 mars 1889 (*Gaz. Pal.* 1889, I, 825). Rennes, 17 janvier 1887 (J. D. I. P., 1887, page 300). Douai, 15 mars 1886 (D. P. 1888. 2. 37). Poitiers, 4 novembre 1886 (*Gaz. Pal.* 1886, II, 907).

(3) Haute Cour de justice. Division du banc de la Reine, 22 mars

Certains pays, nous l'avons dit déjà, ont tranché
législativement la question. Voyons en quel sens.

Le Code fédéral suisse des obligations, admet que
si le contrat est intervenu entre absents, il déploie
ses effets à dater du moment où l'acceptation a été
expédiée. C'est le système de l'émission. Mais il
donne à l'acceptant le pouvoir de se rétracter jusqu'au moment où sa déclaration parvient à l'offrant
(article 7). La théorie de l'offre acceptée dit M. Ha-
berstich (1) se justifie en fait ; le destinataire veut
jouir des avantages du contrat depuis le moment où
il donne son acceptation ; dès ce moment également,
l'auteur de l'offre doit être déchargé des
risques.

Le Code de Commerce argentin promulgué le
neuf octobre 1889 qui est le dernier document législatif paru sur la matière, établit le système de l'émission pure et simple (2).

1888 (J. D. I. P. An. 1889, page 318. — Cour d'appel. Division du
banc de la Reine, 11 décembre 1887 (J. D. I. P. 1878, page 279).
Dans le même sens, voir jurisprudence danoise Sø-og Handelsret,
31 juillet 1884 (J. D. I. P., 1887, page 225).

(1) *Manuel du droit fédéral des obligations.* Traduction Gilliéron.

(2) Art. 213 *in fine.* « Lorsque l'acceptation a été exprimée les parties ne peuvent plus se repentir ».

Art. 215. Le consentement donné à un mandataire ou à une personne envoyée en vue d'un acte de commerce oblige celui qui le
donne, même avant qu'il a été communiqué à celui qui a envoyé le
messager.

§ 6. — *Des systèmes de l'information et de la réception en doctrine et en jurisprudence. Etude de législation comparée.*

Nous rapprochons ces deux systèmes dont les résultats en pratique seront souvent les mêmes et qui se confondront, l'offrant prenant la plupart du temps connaissance de la lettre d'acceptation aussitôt qu'il la reçoit.

Certains arrêts semblent avoir admis le système de l'information plutôt que celui de la réception puisqu'ils exigent que l'offrant ait pris connaissance de la lettre d'acceptation.

La Cour d'Orléans (1), après avoir admis qu'en principe la condition de réciprocité et de simultanéité était nécessaire pour réaliser le contrat, ajoute « qu'il en découle que lorsque les parties ont adopté pour réaliser leurs engagements le mode de la correspondance, ce n'est qu'à partir du moment où la lettre contenant l'acceptation est parvenue à celle des parties qui a fait l'offre *et qu'elle en a été touchée réellement* que le contrat est devenu pour elle définitif et qu'elle a perdu toute faculté de rétractation (2). »

(1) 26 juin 1885 (D. P. 1886. 2. 133, *Gaz. Pal.* 1885. 2. 393).
(2) Dans le même sens, Chambéry, 8 juin 1877. (S. 1877 2. 232).

La Jurisprudence belge se range en général au système de l'information depuis un arrêt de la Cour de Bruxelles du 25 février 1867. Cet arrêt a fait autorité ; il est, au reste, fortement motivé et résume très bien les arguments des partisans de système (1).

Aix, 11 mai 1872 (*Journal de Marseille*, 1872, 1, 66). Lyon, 27 juin 1867) D. P. 1867, 2. 193). En doctrine : Muhlenbruch, *Doctrina Pandectarum*, § 331. Rocco, 3e partie, chapitre 16. Merlin, *Répertoire. Vente.* § 1, art. 3, no 11. Toullier, Tome VI, no 29. Fiore, *Droit international*, page 408. Pardessus, *Droit commercial*, t. 1, no 25. Troplong, *Vente* n° 22, tome 1. Massé, *Droit commercial*, n° 578. Larombière, *Théorie des obligations*, n° 21. Würth, des principes qui régissent les lettres missives, *Belgique judiciaire*, 1892, tome 20, n° 89. Edgar Hepp, *De la correspondance privée*, n°s 106 et suivants. Baudry-Lacantinerie, *Précis de droit civil*, 4e édition, n°s 797 bis.

(1) D. P. 1867, 11, 193. S. 1868. 2. 182. « Attendu, dit-il, qu'en droit la vente par correspondance n'est parfaite que du moment où l'acceptation a été reçue par celui qui a fait l'offre ; Attendu que le Code de commerce qui autorise les ventes par lettres ne renfermant aucune disposition propre à éclairer cette question, c'est aux principes même de la vente et aux caractères de la correspondance en général qu'il faut recourir pour résoudre la difficulté ; Attendu que pour qu'il y ait vente, la loi exige le consentement réciproque des parties (Art. 1589 Code civil) ; Attendu que la réciprocité des consentements suppose que les contractants manifestent leurs volontés de manière que l'un ait connaissance de celle de l'autre et *vice versa* ; Qu'il n'y a en effet de consentement réel que celui qui a rempli son but, c'est-à-dire qui est parvenu à la partie à qui il est destiné ; Que c'est lui seul qui saisit le destinataire et que c'est de lui seul que le destinataire peut prendre possession ; Que le consentement encore ignoré de celui à qui il est transmis est pour ce dernier comme s'il n'existait pas ; Que c'est uniquement par la connaissance mutuelle de leurs volontés que les parties peuvent savoir qu'elles sont liées l'une envers l'autre ; Qu'il serait peu juste d'obliger celle-ci alors qu'elle ignorait si celle-là consent ; Que selon la loi, la raison et l'équité, le consentement n'opère donc que lorsqu'il est perçu par celui à qui il est adressé... »

La Cour de Gand (1) suivant le même principe, a rendu en matière de faillite une décision fort curieuse. Un commerçant avait envoyé à un banquier des effets de commerce en lui demandant de lui avancer des fonds qui pouvaient correspondre au montant. Le banquier avait expédié les fonds mais le destinataire ne les avait pas reçus, ayant disparu quelques heures avant leur arrivée. Le commerçant ayant été par la suite déclaré en faillite, la Cour a jugé que le banquier pouvait revendiquer ses fonds dans les mains du syndic comme s'y trouvant sans cause, le contrat ne s'étant pas formé (1).

En législation, le projet du Code civil allemand admet en principe l'Empfangsthéorie, la théorie du jour de la réception (article 87). Par exception, il s'attache à la théorie du jour de la prise de connaissance par l'offrant de la lettre d'acceptation, à la Vernehumügsthéorie en cas de déclaration de volonté tacite (1).

(1) 9 avril 1876. *Journal d'Anvers*, 1876. 2. 81.

(1) Dans le même sens : Tribunal de commerce de Bruges, 16 mai 1890. *Jurisprudence commerciale* des Flandres, 1890, page 309. Liège, 22 avril, 1885, (*Pasicrisie*, 1885, II, page 303 et 335). Bruxelles, 1 décembre, 1884. Liège, 15 février, 1876 (*Pasicrisie*, 1876. 2. 145). M. Laurent, *Code civil*, Tome XV n°ˢ 468 à 478. *Droit civil international*, tome VII, n°ˢ 447 et 448. Namur, *Code de commerce belge révisé*, 2ᵉ édition, III, n° 224. *Contrà* : Bruxelles, 24 décembre, 1879 (*Pasicrisie*, 1880, II, 266).

(2) Art. 74, § 1. Si la validité d'une déclaration de volonté est subordonnée à la condition qu'elle soit faite à l'intéressé (celui qui

Nous verrons que, malgré qu'on ait cru y lire le contraire, l'article 321 du Code de commerce avait exposé la même théorie que l'article 87 du projet (1). Le Code civil espagnol promulgué le vingt-quatre juillet 1889 admet formellement le système de l'information (2).

Enfin le Code de commerce italien dans son article 36 distingue entre les contrats bilatéraux et les contrats unilatéraux. Pour les premiers, il suit le système de l'information (alinéa 1), pour les seconds, la coexistence des volontés suffit (alinéa 4) (3).

reçoit la déclaration de volonté) et si cette déclaration a lieu en son absence, il est nécessaire pour sa validité que sa volonté expresse lui soit communiquée *et que celle tacite soit parvenue à sa connaissance.*»

(1) Voir chapitre II, et M. Saleilles, *Théorie de l'obligation, d'après le projet de Code civil Allemand*, n° 139 et les notes.

(2) Article 1262. Alinéa 2. L'acceptation faite par lettre n'oblige celui qui a fait l'offre que du moment où il la connaît. Le contrat dans ce cas est présumé conclu au lieu où l'offre a été faite.

(3) Cette théorie se rapproche un peu de celle d'un professeur allemand M. Vindscheid (Pandectes, § 306-308). Celui-ci, distinguant entre la volonté d'être créancier (stipulateur) et la volonté d'être débiteur (promettant), envisage le contrat sous différentes phases et sans suivre un système juridique rigoureux, donne des solutions diverses dont voici les principales. Soit une convention bilatérale : l'offrant est lié par la déclaration d'acceptation (système de la déclaration) ; l'acceptant par l'arrivée de son acceptation chez l'offrant (système de la réception). Le promettant a la faculté de se rétracter jusqu'au moment où son acceptation est arrivée chez le stipulateur. La simple déclaration du stipulateur lie le promettant quand celui-ci est offrant. Soit une convention unilatérale, l'offrant a la faculté de révoquer son offre jusqu'à la déclaration de l'acceptant ; celui-ci peut rétracter son acceptation jusqu'à son arrivée chez l'offrant. Celui qui rétracte doit indemniser l'autre partie de tout dom-

§ 7. — *Aperçu général sur la jurisprudence française.*

On a déjà remarqué que la jurisprudence française était très divisée sur la question de la formation du contrat. Les arrêts donnent des solutions fort différentes. En général quand il s'agit du moment de la formation du contrat la jurisprudence admet tantôt le système de la réception, tantôt celui de l'information et confond même les deux systèmes. Qu'elle suive l'un ou l'autre, en tous cas, la raison de cette préférence est la même ; la jurisprudence veut laisser à l'acceptant le pouvoir de se rétracter (1). Quand il s'agit de la compétence elle suit au contraire le système de l'émission. Presque tous les arrêts qui ont eu à statuer sur l'application de l'art. 420 du Code de procédure civile, au sujet des contrats conclus par correspondance, ont placé le lieu de formation du contrat à l'endroit où l'acceptant avait donné son acceptation et s'en était dessaisi (2).

mage qui a pu lui arriver à cause de l'ignorance où elle était de la révocation. — Nous avons vu (Contrat *per nuncium*, Chapitre II) la théorie émise par un autre professeur allemand M. Kœppen et nous avons dit l'accueil peu favorable qui lui avait été fait par la généralité des auteurs.

(1) Voir les arrêts cités page 123.

(2) Voir les arrêts cités page 121.

Cette variété de décisions s'explique parce que le plus souvent les tribunaux sont guidés par des considérations de fait. La solution de la question est subordonnée purement et simplement à l'appréciation des circonstances.

« Dans les conventions qui se lient par correspondance, dit un arrêt de la Chambre des requêtes du 6 août 1867 (1), la fixation du moment où le contrat est devenu parfait entre les parties est une question de fait plus que de droit, en ce sens que la solution de cette question peut varier selon les circonstances particulières de chaque espèce, de telle sorte que les juges du fond sont nécessairement investis en cette matière d'un pouvoir très étendu d'appréciation. »

« L'interprétation de la volonté des parties contractantes, dit encore la Cour de cassation dans un arrêt du 9 novembre 1885 (2), faite par le juge sur le point de savoir s'il y a accord de volontés sur le lieu de la formation est souveraine et échappe au contrôle de la Cour de cassation.

Nous avons montré le danger d'un tel système. Il y a là non une pure question de fait, mais un véritable point de droit.

(1) S. 1867, I, 400.
(2) Pandectes françaises, 1886, I, 62.

Une telle divergence dans les décisions rend plus désirable encore l'intervention du législateur dans une matière aussi importante aujourd'hui.

CHAPITRE II

DE L'OFFRE ET DE L'ACCEPTATION CONSIDÉRÉES SÉPARÉMENT AU POINT DE VUE DU CONTRAT PAR CORRESPONDANCE.

Section I. — De l'offre

La pollicitation peut émaner de celui qui veut être créancier ou du futur débiteur. Il importe peu que ce soit l'une ou l'autre des parties contractantes qui prenne l'initiative de la convention. Dans les contrats synallagmatiques, du reste, les parties sont toujours en même temps créancières et débitrices. Dans les contrats unilatéraux, c'est le plus souvent le débiteur qui prendra l'initiative de l'offre, mais rien n'empêche que ce soit le créancier.

Qu'elle vienne du futur créancier ou du futur débiteur, l'offre en tous cas, dans notre droit, ne produit par elle-même aucun lien de droit tant qu'elle n'a pas été acceptée. Elle peut donc toujours être rétractée jusqu'à ce moment. Si la rétractation de l'offre parvient à la connaissance de l'autre partie en même temps que l'offre elle-même, elle est encore valable. Bien plus, la rétractation de l'offre empêchera le contrat de se former si, s'étant produite avant l'acceptation, c'est-à-dire avant le moment où l'acceptant s'est dessaisi de son acceptation, elle n'est parvenue à ce dernier qu'une fois dessaisi.

Où est en effet la limite de la rétractation, sinon au moment où le contrat s'est formé? Or ce moment est celui où l'acceptant s'est dessaisi de son acceptation. Par conséquent, si jusqu'à ce moment la volonté de l'offant n'a pas persisté, la coexistence des volontés est impossible et le contrat n'existe pas.

C'est en outre à ce moment qu'il faut se placer pour apprécier la capacité des parties. Pour que les offres produisent leur effet par l'acceptation, il faut qu'il n'y ait pas eu de changement d'état survenu dans la personne de celui qui les a faites, qu'il ne soit pas devenu incapable, interdit par exemple. De même si l'offrant vient à mourir avant le dessaisissement de l'acceptant, la déclaration d'acceptation émanée de celui-ci et adressée au *de cujus* est sans effet ; mais, qu'il meure seulement une fois l'acceptation partie, le contrat s'est bien valablement formé.

Les héritiers de l'offant ne sont-ils donc pas tenus de respecter les offres de leur auteur, n'y succèdentils pas ? Seront-ils obligés de les rétracter, s'ils ne les agréent pas, et, celui à qui elles ont été faites pourra-t-il toujours les accepter ou bien tomberont-elles d'elles-mêmes par le fait de la mort de leur auteur, sans possibilité d'être acceptées ?

Il est hors de doute que l'héritier représente la personne du défunt, mais il faut, à ce sujet, distinguer entre les conventions formées et celles qui ne sont encore qu'à l'état d'ébauches. Aux premières l'héritier succède, les autres tombent. Pour devenir conventions ces dernières avaient besoin, en effet, du concours des volontés des parties : or ce concours est impossible. Et l'on ne peut pas dire que la volonté des héritiers est la volonté du défunt. Il y a dans l'idée de volonté quelque chose de purement personnel, non susceptible d'une transmission héréditaire.

Peu importe qu'il s'agisse au reste de la mort de l'offrant ou de celle de l'acceptant. Les héritiers de celui-ci ne peuvent, pour la même raison, accepter pour lui. « Ce qu'il y a de transmissible dans ma succession, dit M. Larombière (1), ce sont mes obligations et mes droits et non une faculté d'acceptation toute personnelle qui s'éteint avec ma personne seule capable de la donner, puisque c'est à elle seule que la proposition a été adressée. »

(1) Tome I, n° 20, sous l'article 1101.

La Cour de cassation a fort justement décidé que la mort du correspondant mettait fin au compte courant existant entre lui et ses commettants. L'arrêt déclare ceux-ci fondés à revendiquer des traites expédiées à leur correspondant pour être par lui encaissées et portées à son crédit, si elles sont arrivées après sa mort (1).

Mais, si l'acceptation étant donnée, l'acceptant meurt avant qu'elle ne soit arrivée au pollicitant, le contrat n'en est pas moins formé puisqu'il y a eu concours de volontés et les héritiers de l'acceptant succèdent aux droits et obligations nés à l'occasion de ce contrat. Cette hypothèse est, en effet, bien différente de la précédente : nous ne sommes plus en face d'une ébauche de contrat, mais bien d'une convention valablement passée entre parties capables.

(1) 20 juillet 1856, affaire Goudchaux (D. P. 1846. 1. 335) « Attendu, dit la Cour, que l'opération par laquelle un commerçant adresse à un autre commerçant des valeurs destinées à être portées au crédit de son compte courant est un contrat bilatéral qui, aux termes des articles 1102, 1108 et 1175 Code civil, n'acquièrt son complément que par le consentement réciproque des deux parties qu'il oblige et par l'accomplissement des conditions auxquels les parties ont entendu subordonner son existence ; qu'ainsi la translation de la propriété des dites valeurs n'est consommée et ne devient définitive que lorsqu'une personne ayant capacité à cet effet a dûment consenti à les recevoir aux conditions stipulées... »

Voir également : Cassation, 24 juin 1831 (D. P. 1831, 1, 278). — Paris, 11 juin 1825 (D. P. 1826, II. 64). — Bédarrides, tome 2 page 207. Toullier tome VI n° 31. — Duvergier Vente tome 1, n° 69. En sens contraire : Caen, 27 avril 1812 (S. 1812, II, 294) Duranton, XVI, n° 43.

Remarquons toutefois que les partisans de l'information devraient   que les héritiers ne succèdent pas, puisque,   n eux, le contrat n'aurait pas été formé avant la mort de l'acceptant, la volonté de s'engager de celui-ci n'ayant pu persévérer jusqu'au moment où sa déclaration serait arrivée à l'offrant.

A raison de l'offre, le futur acceptant a pu faire des dépenses. Qui doit les supporter, la rétractation étant arrivée en temps utile ou la mort de l'offrant étant survenue avant l'acceptation ? Par son fait, il est certain que le pollicitant a pu ainsi causer un dommage à la personne qu'il sollicitait de contracter avec lui : il lui en doit réparation. Celle-ci peut lui intenter une action en dommages-intérêts fondée sur l'article 1382 du Code civil.

« Cette obligation de l'offrant naît, dit Pothier (1), de cette règle d'équité que personne ne doit souffrir du fait d'un autre, *nemo ex alterius facto prægravari debet* (2). »

Dans certaines hypothèses, l'offrant sera lié par son offre elle-même et ne pourra la rétracter. Il a par exemple écrit à l'autre partie qu'il lui donnait un délai pour accepter. Il doit attendre l'expiration de ce délai pour pouvoir se rétracter.

(1) *De la Vente,* n° 32.
(2) En ce sens, Bordeaux, 17 janvier 1870, affaire Jahn c. Charry (D. P., 1871. 2. 97).

Beaucoup de commerçants envoient des prospectus ou font apposer des affiches annonçant leurs marchandises et le prix qu'ils veulent les vendre. Ou bien, plus spécialement, ce sont des entrepreneurs, qui, par exemple, promettent de transporter des voyageurs dans des conditions déterminées. Ont-ils la faculté de se rétracter? Et particulièrement, en matière de contrat de transport, peuvent-ils faire un choix parmi les voyageurs en refusant d'admettre ceux d'entre eux qui ne leur plaisent pas?

Tant que le genre de commerce au sujet duquel l'offre est faite existe, et tant qu'une rétractation générale n'est pas venue faire tomber l'offre générale faite au public, l'offrant ne peut pas repousser une acceptation. Il est en état permanent d'offres au public et tant que celui-ci n'a pas eu connaisance de son changement d'intention manifesté d'une façon apparente, il est censé croire que le commerçant persévère dans sa proposition.

Par l'acceptation du tiers, un contrat se formera donc, sans que l'offrant puisse protester. Il s'ensuit qu'un entrepreneur de transports ne pourra pas choisir tel voyageur et refuser tel autre. Par le fait même de son offre, il s'est engagé à transporter quiconque se présentera, sans distinction et aux conditions qu'il s'est lui-même dictées.

Il y a pourtant une distinction à faire à ce sujet.

M. Pardessus (1) divise les entrepreneurs de transport en deux catégories : 1° ceux qui, n'ayant pas de service public annoncé, chargent à leur guise. Ces entrepreneurs ne sont pas liés envers le public; ils agissent à son égard à leur fantaisie; 2° ceux, au contraire, qui ont annoncé leur établissement au public avec des conditions de prix et de périodicité de jours et d'heures. Ceux-là sont liés envers le public : ils doivent effectuer le transport. même si le nombre des objets ou des voyageurs à transporter ne suffisait pas pour couvrir leurs frais; ils ne peuvent choisir parmi les voyageurs qu'ils sont obligés de transporter tous indistinctement (2).

En est-il de même s'il s'agit d'une promesse de récompense pour un objet perdu?

Cette pollicitation demeure debout, tant qu'elle n'a pas été rétractée et l'acceptation se produira tacitement par le fait même de la remise de l'objet perdu à son propriétaire. Un jugement du tribunal

(1) *Droit commercial*, tome II, page 616, n° 537.

(2) En ce sens, Aix, 8 février 1853 (D. P., 1853, 2, 329) :

« *Negotiatioribus* », avait dit Straccha (*de mercat. part.*, n° 21), *tabernam seu pergulam habentibus publice, non licet expellere accidentes emendi causâ. Eoque magis si tabernarius, hospes, nauta et quilibet alius artifex aliquid signum vel tabellum, vel programma palam et publice exposuissent ut alios ad se suaque respectine negotia vel ministeria incitarent.*

Nous trouvons dans le droit romain une disposition en ce sens, dans la loi unique, § 6, Dig., livre 44, titre V.

civil de Turin du 3 août 1810 a statué dans ce sens. Mais si cet objet est trouvé seulement à un moment où le propriétaire a rétracté publiquement son offre publique, aucune récompense ne sera dûe.

Une offre doit-elle donc tenir debout indéfiniment, si bien que son auteur ne cesse d'être engagé, s'il ne la rétracte pas et que la partie à laquelle elle est adressée puisse l'accepter longtemps après l'avoir reçue, dans des circonstances plus favorables par exemple qu'à ce moment?

La jurisprudence, et nous sommes de son avis, semble bien admettre que dans les offres d'achat ou de vente par correspondance, l'offrant n'est lié par l'acceptation qu'autant que celle-ci a été faite dans le temps moral nécessaire pour prendre un parti : c'est donc une question d'appréciation de la part des tribunaux (1).

L'offre, avons-nous dit, ne crée par elle-même aucun lien juridique (2) et l'offrant peut rétracter jusqu'à ce qu'un autre ait acquis le droit de l'en empêcher ; ce droit, l'acceptant ne peut l'acquérir que par le dessaisissement de son acceptation.

Cette valeur juridique que nous refusons à l'offre, le projet de Code allemand la lui accorde au contraire. Il considère que l'offre est une volonté qui s'est

(1) Cass. req., 28 février 1870 (D. P. 1871, I, 61).
(2) Voir pourtant thèse Worms, 1891.

déjà liée elle-même (art. 80) (1) en ce sens qu'elle ne peut être révoquée pendant un certain délai, soit exprès, soit tacite (art. 82 et 84) (2). Durant ce délai l'offrant est lié ; non pas qu'il puisse être soumis à aucune prestation, qu'il doive faire quelque chose ; c'est en quelque sorte un lien passif ; mais, ce délai expiré, point n'est besoin pour lui de se rétracter ; son offre ne peut plus être acceptée, car elle est tombée, elle est non avenue, elle n'existe plus.

La force obligatoire de l'offre n'est pas la même pendant tout le délai. Le projet distingue, en effet, deux périodes : la première, de l'émission de l'offre au moment où l'autre partie en est touchée, la seconde, de ce moment même à l'expiration du délai. Dans la première période, l'offre, bien qu'ayant par elle-même une véritable existence juridique, a une

(1) Art. 80. Lorsque quelqu'un a fait à un autre la proposition de conclure une convention, son offre est obligatoire pour lui si elle contient les éléments essentiels à l'existence du contrat dont s'agit, sans réserver l'établissement d'autres conditions.

(2) Art. 82. Si un délai a été imparti par l'offrant à l'acceptation de son offre, il reste tenu jusqu'à l'expiration de ce délai. Si l'acceptation ne lui parvient pas pendant ce temps, l'offre devient non avenue.

Art. 84. Si l'offre est faite à une personne non présente, sans délai indiqué pour l'acceptation, l'offrant est tenu jusqu'au moment où il devait cesser de l'attendre, en supposant que l'offre fût régulièrement parvenue et que la réponse ait dû aussi parvenir dans le délai normalement nécessaire pour l'aller et le retour. Si la déclaration d'acceptation n'est pas parvenue dans ce délai à l'offrant, l'offre est non avenue.

force moins grande que dans la seconde ; l'offrant a en effet la faculté de se rétracter et même sa révocation est valable, si elle ne parvient à l'autre partie qu'en même temps que l'offre. En quoi consiste alors cette force obligatoire dans la première période ? En ce fait que si l'offrant meurt, par conséquent avant que l'autre partie ne soit touchée de son offre, celle-ci pourra quand même l'accepter (art. 89) (1).

Nous avons montré qu'en droit français cette solution était impossible.

Dans la seconde période, au contraire, la force obligatoire de l'offre est pleine et entière (2).

Section II. — De l'acceptation

La proposition est le commencement de la convention ; l'acceptation en est la fin. L'acceptation résulte de la manifestation formelle de la volonté de la partie à qui l'offre a été faite, manifestation conforme à l'offre elle-même. Mais l'acceptation

(1) Art. 89. Il importe peu, pour la validité de l'offre, à moins d'intention contraire de l'offrant résultant de l'offre ou des circonstances de la cause, que l'offrant ou celui à qui l'offre a été faite, décède ou devienne incapable après l'envoi de l'offre.

(2) Voir M. Saleilles. Théorie de l'obligation d'après le projet de Code civil allemand, n°ˢ 138 et suiv.

peut-elle être seulement tacite? Le silence de la personne à qui une offre est faite peut-il être considéré comme une acceptation ?

Les partisans de l'information ne peuvent admettre ici l'affirmative. N'exigent-il pas en effet comme condition *sine qua non* de la formation du contrat que la réponse de l'acceptant soit parvenue au pollicitant ? Il faudra donc toujours que l'acceptant ait donné sa réponse et l'ait donnée formellement. Comment imaginer une acceptation tacite que l'acceptant porterait à la connaissance de l'offrant ? Ou bien l'acceptant porte son acceptation à l'offrant et il n'y a plus acceptation tacite, ou bien il ne la porte pas et le contrat ne peut se former. Dans notre système, au contraire, dès que l'acceptant aura fait des démarches telles qu'on pourra en inférer qu'il a bien voulu accepter, on y verra une manifestation de volonté, un dessaisissement suffisant pour créer le lien de droit qui forme le contrat. Mais remarquons-le bien, il faudra toujours une manifestation de volonté. Le silence d'une partie ne peut pas être considéré comme emportant acceptation de sa part.

Nous admettrons pourtant à cette règle une exception. Une offre a été faite avec proposition d'acceptation dans un certain délai. Dans sa lettre, l'offrant a ajouté la phrase suivante. « Faute d'acceptation dans un délai de quinze jours, je considérerai le marché comme conclu. »

En principe, nous ne tiendrons pas pour liée la partie qui aura laissé écouler le délai de quinzaine sans répondre. Cependant il y aura dans son silence une acceptation tacite, si elle était en relations constantes d'affaires avec l'offrant. Un courtier en grains écrit par exemple à un meunier qu'il lui enverra après le délai de quinze jours mille sacs de blé. Ce courtier a l'habitude de fournir le meunier. Les quinze jours expirés sans réponse du meunier, nous considérerons le courtier comme tenu de livrer sa marchandise, et le meunier d'en payer le prix.

Prenons un autre exemple, en sens contraire, fréquent aujourd'hui. Une personne reçoit un journal auquel elle ne s'est pas abonnée ; elle le reçoit quotidiennement, sans même protester. Le directeur du journal ne sera pas fondé à venir lui réclamer le prix d'un abonnement pour tout le temps pendant lequel le journal lui aura été servi.

Il faut donc, pour qu'il y ait acceptation tacite que les relations d'affaires antérieures entre les parties aient été assez suivies, assez fréquentes pour qu'on ne puisse pas dire qu'une partie a tout simplement voulu forcer le consentement de l'autre. Il faut que la partie à qui l'offre était faite puisse être considérée pour ainsi dire comme mise en demeure par l'offre elle-même (1).

Il y aurait, suivant M. Demolombe (2), un autre cas d'acceptation tacite, lorsque l'offre serait exclusivement dans l'intérêt de celui à qui elle serait faite et qu'il ne saurait exister de la part de ce dernier aucun motif de refus.

La remise de la dette faite par lettre par le créancier à son débiteur, par exemple, serait valable même si celui-ci n'en accusait pas réception à l'autre partie (3).

Le cas de remise de dette sera le plus fréquent. La remise de la dette n'est pas valable, selon nous, s'il n'y a qu'une acceptation tacite du débiteur. L'article 1211 en est une preuve. Cet article, dit M. Duranton (4), en établissant que par la demande formée contre l'un des débiteurs solidaires pour sa part, le créancier ne renonce pas à la solidarité, même à son égard, tant que ce débiteur n'a pas acquiescé à la demande ou qu'il n'est pas intervenu un jugement de condamnation, décide évidemment que la remise faite par le créancier n'a point d'effet

(1) Bordeaux, 3 juin 1867. S. 1868. 2. 183.
(2) Tome XXIV, § 57 à 59.
(3) Cassation, 16 août 1881, S. 1882, 1, 213.
(4) Tome XII, n° 357. Voir également Colmet de Santerre, tome 5, n° 230 bis, § 4. Laurent, tome 18, n° 337. Aubry et Rau, IV, § 323.

tant qu'elle n'est pas acceptée par le débiteur, puisque la décharge de la solidarité est une remise qui, si les co-débiteurs sont insolvables, libère le débiteur d'une perte qu'il aurait eue à supporter. C'est là, pourra-t-on prétendre, un cas spécial. Soit, mais il nous donne pourtant l'idée du législateur qu'aucun autre texte ne vient contredire. Pothier refutant Barbeyrac (1) donne la même solution et décide que la remise d'une dette portée par une lettre ne doit avoir aucun effet si le débiteur à qui on faisait la remise est mort avant que la lettre lui soit parvenue. Pothier, il est vrai, se place ici dans un cas particulier : nous déciderions plutôt que la remise n'est pas valable parce que les deux volontés du créancier et du débiteur n'ont pu coexister.

M. Demolombe enfin prétend qu'il y a des cas où celui que l'offrant sollicite n'a aucun motif de refus. Il nous semble que ce motif peut au contraire toujours exister et être tout au moins d'ordre intime.

D'après le système de l'émission, une fois l'acceptation manifestement émise, le contrat est formé et l'acceptant n'a plus la faculté de se rétracter.

Le projet de Code civil allemand donne à l'acceptant cette faculté jusqu'au moment où son acceptation arrive au pollicitant et même si la révocation

(1) N° 614.

parvient à ce dernier en même temps que l'acceptation. Le projet considère pourtant l'acceptant comme lié dans une certaine mesure voulant ainsi lui faire une situation identique à celle de l'offrant. L'obligation de l'offrant, avant que l'acceptant ne soit touché de sa lettre, est caractérisée par ce fait que sa mort ou son incapacité n'empêche pas le contrat de se former ; l'obligation de l'acceptant, avant que son acceptation ne touche l'offrant, par ce fait que s'il révoque son acceptation avant qu'elle ne soit reçue par le pollicitant et que sa lettre arrive à celui-ci seulement après réception de l'acceptation, la révocation sera nulle. Voilà donc un contrat qui se forme malgré une acceptation révoquée. N'en devons-nous pas conclure que par le fait seul que cette acceptation a été émise et avant même qu'elle n'ait touché son destinataire, circonstance qui la rend pleinement obligatoire, cette manifestation de volonté a lié jusqu'à un certain point son auteur ?

Le système suivi par le projet au sujet de l'offre et de l'acceptation n'est qu'une conséquence de la théorie admise par lui sur le moment de la formation du contrat. L'article 87, nous l'avons vu, dit en effet que la convention est conclue au moment de l'acceptation de l'offre. Cet article est un peu laconique et prêterait à une interprétation tout autre. Mais nous savons, par les motifs mêmes de l'article,

que par acceptation, il faut entendre acceptation
arrivée à destination.

Le projet de Code civil semble être en contradiction avec le Code de commerce, l'article 321 parais-
sant dire que le contrat est formé au moment de
l'émission de l'acceptation.

M. Saleilles (1) montre fort bien que cette contradiction n'est qu'apparente. Le Code de commerce
avait admis que le contrat était formé au moment où
l'acceptation arrivait au pollicitant, mais en avait,
par une fiction de rétroactivité reporté les effets au
moment de l'émission de l'acceptation. C'est cette
fiction seule que le projet à supprimée.

Le Code fédéral suisse des obligations admet que
l'auteur de l'offre, à moins de rétractation venue à
temps, est lié pendant tout le temps moral nécessaire à son destinataire pour accepter. Il semble
bien que ce soit là le système de la jurisprudence
française sur ce point. Mais il peut se rétracter
pourvu que sa rétractation arrive avant l'acceptation
ou en même temps (art. 5 et 7). Ceci est fort logique,
puisque l'article 8 admet que le contrat est formé au
moment de l'émission de l'acceptation.

L'acceptation arrive-t-elle, le temps moral pour la
faire écoulé? L'offrant a le choix de se tenir pour lié

(1) Théorie de l'obligation (*loc. cit.*)

ou de répudier cette déclaration tardive. S'il prend ce second parti, il doit, sous peine de dommages-intérêts en avertir son co-contractant (art. 5). Il y a là un petit accroc donné à la logique. Du moment, en effet, que l'offrant n'est pas tenu, il ne devrait pas être obligé de faire quelque chose, de prévenir l'acceptant ; mais cette solution est imposée par l'usage commercial ; elle est d'autant plus équitable que l'arrivée tardive de l'acceptation peut être indépendante de la volonté de l'acceptant et être le fait des moyens de communication employés par lui.

Quant à l'acceptation elle ne peut être émise si le délai donné pour accepter est expiré car l'offre tombe à l'expiration même du délai.

Enfin l'article 7 admet que le retrait de l'acceptation peut-être fait tout aussi bien que le retrait de l'offre, pourvu qu'il arrive avant l'acceptation ou en même temps.

Le système du Code fédéral suisse est celui d'un certain nombre d'auteurs. Nous le suivrons jusqu'au moment où il permet la rétractation de l'acceptation, malgré que le contrat est formé. Logiquement, nous l'avons dit, une telle solution ne peut être admise. Un contrat est ou n'est pas. S'il existe, une des parties ne peut pas se délier sans le consentement de l'autre. Or, l'article 8 du Code fédéral déclare bien qu'il existe au moment même de l'émission de l'acceptation.

Si les relations commerciales nécessitaient un tel manquement aux règles juridiques nous serions disposés à l'accepter quand même, mais l'intérêt du commerce n'est pas que l'acceptation puisse être révoquée. Une telle solution est destinée à favoriser la mauvaise foi, nous l'avons vu. Nous avons montré en outre qu'en matière commerciale, l'idéal devait être la formation rapide des conventions. Or, le système de l'émission atteint ce but.

CHAPITRE III

DE LA PREUVE DES CONTRATS PAR CORRESPONDANCE

Le Code civil énumère les divers modes de preuves des contrats ; il passe sous silence la correspondance. Pourra-t-elle quand même faire preuve de la convention ? Il ne s'agit ici que des actes civils, puisque pour les actes de commerce le législateur s'est expliqué formellement (art. 109). Mais, au point de vue commercial même, la correspondance envisagée comme moyen de preuve présente des particularités intéressantes. Nous étudierons donc la question tant au point de vue civil qu'au point de vue commercial.

Section I. — De la preuve par la correspondance matière civile.

Les contrats par correspondance peuvent être unilatéraux ou synallagmatiques.

Pour les premiers, il est hors de doute que si l'article 1326 a été respecté, la lettre sera un moyen de preuve complète et absolument irrécusable que les magistrats devront admettre.

Pour les seconds, au contraire, la question s'est posée de savoir si la correspondance échangée entre les deux parties pouvait prouver leur formation.

Toullier, s'appuyant sur la formalité du double écrit, passée de l'ancien droit dans l'article 1325 du Code civil et suivant l'opinion qui avait été celle du Parlement de Paris, tout au moins depuis l'arrêt du 30 août 1736 (1), déclare qu'en France la preuve des contrats par correspondance étant impossible en matière civile, on ne peut plus contracter par lettre. Il regarde l'article 109 du Code de commerce, qui admet la correspondance comme moyen de preuve en matière commerciale, comme une exception à cette règle générale qu'il regrette amèrement. « Ainsi, dit-il, les lettres missives suffiront devant les tribunaux de commerce pour prouver la vente de marchandises de trois cent mille francs et elles ne suffiront pas devant les tribunaux civils pour prouver la vente d'un cheval ou celle d'un petit coin de terre de trois cents francs ! Quelle législation (2). !

M. Laurent refuse, lui aussi, d'admettre la correspondance comme moyen de preuve en matière

(1) *Supra*, p. 90.

(2) Toullier a abandonné plus tard cette opinion et a déclaré se ranger *avec plaisir* à l'avis de Merlin qui l'avait combattu, tome 8, n° 325, 5ᵉ édition.

civile. Examinons les raisons qu'il apporte et essayons de les refuter.

Le savant auteur partant de ce fait qu'en matière commerciale, la correspondance est, d'après l'article 109, acceptée parmi les genres de preuves et que d'autre part, elle est admise exceptionnellement en matière civile, dans l'article 1985 pour le mandat en conclut que dans les autres cas elle ne sera pas un moyen légal de preuves, le Code civil ayant établi un système légal de preuves duquel elle est exclue. Et, ajoute M. Laurent, l'article 1341 est ici décisif. « Il doit, dit-il, être passé acte devant notaire ou sous signature privée de toutes choses excédant la somme ou la valeur de cent cinquante francs. » La preuve littérale est celle qui se fait au moyen d'actes et ces actes doivent être dressés conformément aux dispositions de l'article 1325.

M. Laurent combat Merlin (1) qui, lui, admet qu'une convention synallagmatique peut être prouvée par lettre missive. Merlin restreint le plus qu'il peut le champ d'application de l'article 1325, parce que, dit-il, il est en opposition diamétrale avec les vrais principes. L'article 1325 doit être appliqué aux actes qui contiennent des conventions synallagmatiques, c'est-à-dire susceptibles d'être signées par

______

(1) *Repertoire de Jurisprudence* au mot double-écrit, n° XI.

toutes les parties contractantes : or ce n'est pas le cas du contrat par lettre missive. Et Merlin cite à l'appui de cette idée dont il fait un véritable principe, un texte de Paul (1) « *Quod contra rationem juris introductum est, non est producendum ad consequentias.* » L'article 1325 ne prévoit donc pas suivant Merlin, les conventions faites par correspondance. Qu'on ne vienne pas dire en outre que l'article 109 du Code de commerce soit une exception au droit commun, admise en matière commerciale. Il ne s'ensuit pas de ce que parmi les sept modes de preuve énumérés par l'article 109, il y en ait qui soient spéciaux aux affaires commerciales, que la correspondance doive être rangée dans cette catégorie. L'article 109 cite bien les actes publics et les actes sous seings privés qui sont des moyens de preuve en matière civile. Pourquoi la correspondance ne pourrait-elle être classée à côté d'eux ? Bien plus, dit Merlin, de ce que l'article 109 distingue entre les sous-seings privés et la correspondance il ressort que celle-ci ne rentre pas dans la catégorie des actes sous-seings privés, laquelle est régie par l'article 1325 et que par conséquent, l'article 1325 n'est nullement applicable à la correspondance.

A ces raisons apportées par Merlin à l'appui de sa

______

(1) D., loi 14 *de legibus.*

thèse, à savoir que la lettre n'est pas un acte, nous pouvons ajouter des arguments de texte analogues à celu' qu'il tire de l'article 109 du Code de commerce. L'article 1985 distingue la lettre de l'acte et l'article 69, § 3, 3° de la loi du 22 frimaire an VII, dit qu'il sera perçu un droit d'un pour cent sur... tous autres *actes ou écrits* qui contiendront obligations de sommes.

M. Larombière (1) nous semble bien avoir donné la véritable interprétation de l'article 1325 dans lequel M. Laurent voit une disposition d'ordre public dont il fait son principal argument quand il dit : « Lorsque l'article 1325 exige, pour la validité des actes sous signatures privées, l'observation des formalités du double écrit, il suppose un acte qui par sa nature spéciale et sa rédaction contradictoire admet l'observation de ces formes particulières. Mais si la position des parties et les actes desquels elles déduisent la preuve de leurs engagements y résistent, il serait ridicule d'exiger d'elles l'accomplissement de l'impossible (2).

A la rigueur ne pourrait-on pas considérer toutes les formalités de l'article 1325 comme remplies ? Quand il y a eu contrat de vente, par exemple, à la

---

(1) Article 1325 n° 44.
(2) Voir également Troplong. *Vente* n° 21. Toullier, tome 8, n° 325. Duvergier, *Vente*, n° 168. Bonnier, n° 610. Dalloz, R. P. *Obligation*, n° 402.

suite d'échange de lettre, l'acheteur est en possession de la lettre du vendeur, le vendeur en possession de celle de l'acheteur. Il y a donc bien double écrit. De plus, s'il n'y a pas la mention expresse du nombre des originaux, celle-ci est au moins implicite. La lettre du vendeur parle formellement de l'acceptation que l'acheteur doit donner à l'offre de vente qui lui est faite, si c'est le vendeur qui a pris l'initiative du contrat et la lettre de l'acheteur relate non moins formellement la proposition qui lui a été envoyée par le vendeur. Dans l'une et l'autre lettre, en un mot, il est question des deux phases de l'opération, de l'offre et de l'acceptation. La situation serait analogue si l'acheteur avait pris l'initiative du contrat.

Mais, dit-on, l'article 1316 qui énumère les moyens de preuve en matière civile ne parle pas de la correspondance.

Il n'y a à cela rien d'étonnant, cet article ayant été copié dans Pothier. Or, celui-ci a bien pu simplement l'oublier et cet oubli ne constitue pas un rejet de sa part, la correspondance étant, comme aujourd'hui du reste, plutôt employée comme moyen de preuve en matière commerciale qu'en matière civile.

M. Laurent invoque en sa faveur l'article 1341 qui, selon lui, prohiberait tout moyen de preuve autre que celui par acte sous seing-privé ou par acte authentique. Le Code démontre le contraire dans les articles 1329 et 1330 relatifs aux livres des marchands, dans l'article 1333 qui établit la preuve par les tailles, dans les articles 1354 et suivants touchant l'aveu, et dans les articles 1357 et suivants qui ont trait au serment. L'article 1341 est spécial à la preuve testimoniale et ne peut être appliqué en dehors de son ressort.

Quant à l'argument a contrario qu'on voudrait tirer de l'article 1985, il ne nous semble guère plausible. Pourquoi admettre la correspondance comme moyen de preuve dans le mandat et la rejeter dans les autres contrats? Les travaux préparatoires ne disent rien à ce sujet et il est fort probable que le législateur qui avait oublié la correspondance dans l'article 1316, a voulu en parler dans l'article 1985 pour bien montrer sa possibilité comme moyen de preuve. Nous étendons par conséquent l'argument tiré de l'article 1985, au lieu de le prendre a contrario.

Il ne s'ensuit pas de ce que la correspondance doit être considérée comme moyen de preuve en matière civile, que les magistrats l'admettront toujours comme tel. Ils auront à ce sujet le plus grand pouvoir d'appréciation et pourront fort bien n'y voir qu'un commencement de preuve par écrit ou même une simple présomption. Mais ils ne devront pas exiger une concordance absolument parfaite entre les lettres qui établissent le marché. Cette concordance est souvent presque impossible, d'autant plus que la partie qui invoquera ce moyen de preuve n'aura pas entre les mains tous les documents et que son adversaire refusera de produire ceux qu'il aura en sa possession.

Vis-à-vis des tiers, la lettre ne peut avoir plus de force que l'acte sous-seing privé, il est donc hors de doute que la date d'une lettre n'est à leur égard certaine que dans les cas de l'article 1328 du code civil.

Section II. — De la preuve par la correspondance en matière commerciale.

Depuis longtemps, nous l'avons vu, les lettres missives entre marchands font preuve « *Quod litteræ quæ mittuntur inter mercatores, habent vim publicorum instrumentorum de consuetudine locorum in quibus maxime vigent mercimonia* (1). Elles ont la même force qu'un acte authentique. Nous croyons pourtant qu'il ne faut pas entendre par là qu'une lettre soit considérée entre marchands comme un acte authentique mais seulement qu'une fois la convention établie, elle l'est aussi fortement par la lettre que par l'acte authentique.

(1) Rote de Gênes. Des. 142.

L'article 109, reproduisant l'idée de l'ordonnance de 1673, range la correspondance parmi les modes de preuve des contrats commerciaux. Il va sans dire que sous l'empire du Code de commerce, la correspondance peut être comparée à l'acte authentique à côté duquel elle figure dans l'article 109, mais avec la distinction que nous avons établie pour l'ancien droit. Les juges, en effet, pour admettre cette preuve, auront la plus grande latitude, et c'est en somme leur appréciation qui jouera le rôle prépondérant, ainsi que nous l'avons montré au sujet de la preuve en matière civile.

Les juges trouvent ici un grand appui dans l'article 8 du Code de commerce qui, pour faciliter la preuve, oblige les commerçants à mettre en liasse les lettres qu'ils reçoivent et à garder copie de celles qu'ils envoient. Quoique le copie de lettres soit dispensé du visa annuel (art. 10) et que les autres formalités exigées par la loi en matière de livres de commerce ne soient guère suivies dans la pratique, il n'y en a pas moins là pour eux une source précieuse des éléments du contrat. Par le simple rapprochement du copie de lettres de l'une et de la liasse de l'autre partie, ils trouveront le plus souvent la preuve de la convention.

Quand les éléments complets du contrat seront produits, les juges n'auront, en général, pas de peine à se faire une opinion. Mais, soit par suite d'un simple cas fortuit, soit par mauvaise foi des parties, la correspondance pourra n'être pas complète ou être défectueuse. Essayons, à ce sujet, de dégager quelques règles. Il est en général admis qu'un projet, un brouillon, et même une lettre non signée, ne peuvent à eux seuls faire preuve : il n'y a là qu'une simple présomption. Mais la lettre doit-elle être signée du commerçant lui-même ou peut elle l'être par son commis ou son fondé de pouvoirs ? La cour de cassation, dans un arrêt du vingt-huit août 1872 (1), estime qu'une lettre signée d'un fondé de pouvoirs fait foi comme si elle l'était du maître. Cet arrêt est d'autant plus topique qu'il est intervenu dans une espèce où le commis semblait même avoir outrepassé ses pouvoirs. Il décide, en effet, qu'un commerçant est engagé par le cautionnement donné par sa femme dans une lettre écrite en la forme habituelle de la correspondance et transcrite sur le copie de lettres de la maison alors qu'il lui avait délégué sa signature même s'il s'agit d'un cautionnement qui n'est pas relatif à ses opérations commerciales.

L'arrêt cité envisage le cas où une femme avait reçu une procuration formelle. Il en aurait été de même, s'il s'était agi d'un simple commis. Dès l'instant qu'une

(1) D. P., 1872, I, 396.

lettre sort d'une maison, avec toutes les marques qui en manifestent la provenance, signée de l'un quelconque de ses employés, celle-ci est liée (en sens contraire: M. Ruben de Couder) (1). En fait, la plupart du temps, le commis aura simplement exécuté l'ordre du patron. Permettre à celui-ci de le désavouer serait ouvrir la porte à la mauvaise foi. Combien de gens peu scrupuleux ne s'empresseraient-ils pas, dans les affaires où les risques à courir sont grands, de faire signer leurs lettres par des employés insolvables ? Le destinataire de la lettre doit considérer le commis comme un véritable mandataire du patron. Le mandat peut être en effet conféré tacitement (2) et être inféré du seul fait de l'embauchage de l'employé.

Dans quelles complications ne tomberait-on pas dans le système contraire ? Le commerçant serait obligé d'envoyer sa procuration à toutes les maisons avec lesquelles il serait en rapport.

En tous cas le patron, même dans le système de M. Ruben de Couder, ne peut sortir indemne d'une affaire à laquelle il a été mêlé par la lettre d'un commis non pourvu de sa procuration. Il tombera certainement sous le coup de l'article 1384 du Code civil qui dit formellement qu'on est responsable

(1) *Dictionnaire du droit commercial* au mot *commis*, n° 61.
(2) Aubry et Rau, 4ᵉ édit., tome 4, page 637. — Metz, 10 janvier 1867 (D. P. 1867. 2. 14).

du dommage que l'on cause par le fait des personnes dont on doit répondre et l'article cite les maî-
tres et commettants pour les dommages causés par
les domestiques et préposés dans les fonctions auxquels ils seront employés.

La correspondance en matière commerciale peut
également jouer un rôle particulièrement intéressant dans certains matières spéciales : nous voulons
parler des titres à ordre.

L'endossement, l'aval, l'acceptation peuvent avoir
été donnés par lettre ou par télégramme. Ont-ils la
même force que s'ils avaient été inscrits sur le titre
lui-même ?

L'endossement doit être donné sur le titre, soit au
bas, soit au dos, soit sur une allonge ; il ne peut jamais être fait par acte séparé (1). La loi est muette
à ce sujet, mais les principes imposent cette solution.
C'est le titre qui doit contenir la créance et la cession
de cette créance, car c'est lui qui matérialise seul
ces deux actes juridiques (2).

Remarquons toute fois qu'entre les parties elles-
mêmes, un endossement par correspondance serait
valable. C'est seulement à l'égard des tiers que
notre règle s'applique.

L'article 142 du Code de commerce dit formelle-

(1) Lyon Caen et Renault, n° 1083.
(2) Debray. *De la clause à ordre*. Thèse 1892, page 201.

ment que l'aval peut être fourni sur la lettre de change même ou par acte séparé.

Mais pour l'acceptation la question est douteuse. On a soutenu qu'en l'absence de textes formels interdisant ce mode d'acceptation, il était possible, pourvu que la volonté fût clairement exprimée (1) et on a appuyé cette opinion sur un passage de la discussion de l'article 122 du Code de commerce au Conseil d'État, au sujet duquel il aurait été dit que, puisque la loi n'excluait par l'acceptation par lettre missive on en conclurait naturellement qu'elle la permettait (2).

La solution contraire nous semble préférable (3). L'article 122 sur l'obscurité duquel repose l'opinion adverse, nous parait bien explicite. En disant que la lettre de change doit être signée et, en ajoutant aussitôt que l'acceptation est exprimée par le mot accepté, le législateur ne semble-t-il pas avoir marqué clairement qu'il y avait dans l'acceptation une sorte de formalité solennelle, manifestée par un mot solennel : *accepté*. L'article 125, en disposant qu'une lettre de change doit être acceptée à sa présentation, confirme cette interprétation de l'article 122.

(1) M. Boistel, § 783. — Merlin. *Lettre de change*, § 4 n° 10. Pardessus, n° 377. Cassation, 14 mars 1862. (D. P. 1862. 1. 238).

(2) Locré sur l'article 122 n° 2.

(3) Dans le même sens, Massé, tome III, n° 2559. Persil. *De la lettre de change* art. 122.

On nous oppose les travaux préparatoires. Mais nous ne devons avoir recours à ceux-ci, que lorsque nous sommes en présence de textes ambigus, où la pensée du législateur n'est pas manifeste, ce qui n'est pas le cas de l'article 122.

La jurisprudence semble bien adopter cette opinion et admettre tout au moins que l'article 122 prescrit une forme solennelle (1).

Plusieurs pays ont tranché législativement la question dans le sens de notre système (2).

Il ne faudrait pas croire pourtant que l'acceptation soit absolument nulle. En tant qu'elle se rapportera à la lettre de change, elle ne produira aucun effet, elle sera considérée comme non avenue. Mais elle n'en constituera pas moins un engagement de l'accepteur envers celui à qui il donne son acceptation engagement purement valable si l'on ne cherche pas à lui faire produire les effets de la lettre de change et si on le considère seul, abstration faite de cette forme spéciale.

____

(1) Paris, 19 mars 1864 (S. 1865. 2. 112). Cassation, 23 juin 1859 (S. 1860. 1. 121).

(2) Lois sur les effets à ordre de Belgique, art. 12. Hongrie, art. 12 ; Allemagne, art. 21 ; C. de com. Italien, art. 262 ; Portugais, art. 288.

Section III. — Du rôle de la correspondance dans les contrats solennels.

Mais s'il est permis, dans l'état actuel de notre législation, de contracter par correspondance, qu'il s'agisse d'obligation unilatérale ou d'obligation synallagmatique, aussi bien en matière civile qu'en matière commerciale, il est pourtant un certain nombre de contrats qui ne peuvent être prouvés par la correspondance, qu'il est donc impossible de faire par un simple échange de lettres. Non pas que dans ces sortes de contrats, le consentement des parties ne puisse être, comme dans les autres, envoyé par lettre missive. Mais le simple consentement chez eux ne suffit pas pour les rendre valables. Leur validité est subordonnée à la passation d'un acte; ce sont les contrats solennels : la donation (art. 931, C. c.), le contrat de mariage (art. 1394, C. c.), la constitution d'hypothèque (art. 2127, C. c.), la subrogation du prêteur aux droits du créancier (article 1250, § 2, C. c.) (1).

Il ne faut pas croire pourtant que dans ces sortes de contrats la présence des parties soit indispensa-

(1) Voir *supra*, p. 159, les particularités que présentent les titres à ordre.

ble à la passation de l'acte. Chaque partie peut envoyer une procuration si bien qu'entre absents ces contrats sont ainsi possibles. (1)

Mais pour eux, la preuve résulte de l'acte authentique qui les constate et de cet acte seul ; pour les autres, au contraire, elle peut résulter de la correspondance.

Mais une simple promesse d'hypothèque par exemple, peut être valablement prouvée par lettre missive. La nécessité de rédiger un acte authentique pour constituer une hypothèque n'empêche pas d'admettre ce mode de preuve.

Ainsi l'a jugé un arrêt de la Cour de Pau du 16 juillet 1852 (2), affaire Carrère c. Formier.

Attendu, dit cet arrêt, qu'il est établi par deux lettres de Carrère père, en date des 9 septembre et 1er novembre 1849 : 1° que Formier avait exprimé à Carrère le désir d'obtenir de celui-ci une hypothèque sur sa maison de Bagnères, pour sûreté du paiement de l'avancement d'hoirie fait à la dame Formier ; 2° que Carrère consentit à l'accepter ; que par ce concours des volontés du beau-père et du gendre, il se forma définitivement entre eux un lien de droit, une véritable obligation ;

Attendu que, n'étant contraire, ni aux lois, ni aux

(1) Le mariage seul ne peut être valablement fait entre personnes absentes.

(2 S. 1852. 2. 417.

bonnes mœurs, ni à l'ordre public, elle produisait en faveur de Formier une action pour contraindre Carrère père à l'exécuter, bien que l'article 2127 exige pour la constitution de l'hypothèque conventionnelle un acte authentique... »

Mais remarquons-le bien, l'hypothèque n'a pas été constituée et, si le débiteurse refuse à la donner, elle ne le sera jamais, conventionnellement tout au moins.

Section IV. — Des personnes qui peuvent se servir de la correspondance comme moyen de preuve

Etant admis que la correspondance peut être invoquée comme moyen de preuve tant au civil qu'au commerce, comment la ferons-nous fonctionner ?

Nous distinguerons avec MM. Aubry et Rau (1) suivant que c'est le destinataire ou un tiers qui invoque le moyen.

Est-ce le destinataire ? Du moment que la lettre n'a aucun caractère confidentiel, il peut en faire tel usage qu'il lui plaira, il acquiert sur elle en effet un véritable droit de propriété. Ses héritiers recueillent ce droit dans son patrimoine et peuvent en faire le même usage que leur auteur (2).

(1) Tome VIII, § 760 *ter.*
(2) Cassation. Requête, 3 février 1873, (S. 1873,¶ 1313).

Si elle est confidentielle. il ne peut s'en servir qu'avec le consentement de l'expéditeur (1).

Certains auteurs, il est vrai, prétendent que l'expéditeur et le destinataire ont sur la lettre un droit de co-propriété. Même en admettant cette solution, le destinataire en matière de lettre d'affaire n'en a pas moins le droit d'user de la correspondance qu'il a reçue, pour faire la preuve du contrat, sans le consentement de l'expéditeur. Du moment qu'il s'agit de lettre d'affaire, celui-ci est censé, par le fait même de l'envoi de la lettre, permettre au destinataire de s'en servir comme bon lui semble et renoncer à invoquer son droit de co-propriétaire.

Est-ce un tiers ? Il ne pourra produire la lettre qu'avec l'autorisation du destinataire, qu'il l'ait dérobée ou qu'il l'ait acquise par un moyen licite. MM. Aubry et Rau poussent même cette idée fort loin quand ils déclarent que l'usage d'une lettre contre le gré du destinataire constitue un véritable abus de confiance (2). Mais si le destinataire a donné son consentement au tiers, l'expéditeur ne pourra empêcher la production de la lettre par le tiers, à moins qu'elle n'ait un caractère confidentiel,

Quant au point de savoir si une lettre est ou non

(1) Tribunal de la Seine, 12 novembre 1890, (*Gaz. Pal.* 1890, 2, 561).

(2) *Loci. cit.*, note 7.

confidentielle, c'est une question de fait laissée à l'appréciation des juges (1).

(1) Cassation, 25 juillet 1864 (S. 1865, 1, 33). Mais il ne faut pas confondre ce cas avec celui où une partie voudrait faire usage d'une lettre écrite par elle à un tiers. Une telle lettre ne peut même être un commencement de preuve par écrit, l'écrit pour valoir comme tel devant être personnel à celui à qui on l'oppose (Cassation, 6 janvier 1891, *Gaz. Pal.* 1891, 1, 90).

CHAPITRE IV

DE LA TRANSCRIPTION DU CONTRAT PAR CORRESPONDANCE

Il est hors de doute qu'on peut donner à la transcription des actes extrajudiciaires. Mais ces actes ne doivent-ils pas alors présenter des caractères spéciaux pour que celle-ci soit efficace? Certains auteurs et la jurisprudence en général semblent bien exiger que l'acte à transcrire doit être de nature à faire légalement preuve de la convention. L'acte en un mot ne vaut, comme mode de publicité par la transcription, que ce qu'il vaut comme mode de preuve. Un acte qui ne fait pas preuve ne peut être transcrit efficacement.

Un arrêt de la Cour de Paris (1) qui a fait longtemps autorité en jurisprudence a tranché la question de la façon suivante. Il a décidé qu'en matière de vente par correspondance, il ne suffisait pas de faire transcrire avec la lettre du pollicitant la copie de celle de l'acceptant.

(1) 6 mars 1865. Affaire Biche c. Leroy et Baulot (D. P. 1867, 2, 25).

« Considérant, dit-il, que le titre translatif de propriété se composait pour Biche, non seulement des deux lettres de Leroy qui contenaient ses propositions de vente, mais encore de la sommation du dix-sept novembre qui renfermait leur acceptation formelle et indispensable ; que cependant Biche n'a fait transcrire que la première lettre de Leroy et la réponse dont Biche prétend avoir fait suivre cette lettre ; d'où il suit que ne s'étant pas conformé à l'article 1 de la loi du 23 mars 1855, Biche ne peut, aux termes de l'article 3 de la même loi, opposer son titre à Baulot qui après avoir acheté postérieurement le même immeuble, a manifesté et conservé son droit par une transcription régulière ;

« Emendant, dit que la convention de vente intervenue entre Leroy et Biche était parfaite et qu'elle n'a manqué son effet que faute d'avoir été régulièrement transcrite, avant la transcription de la revente indûment faite à Baulot. »

M. Beudant dans une note qu'il publia au sujet de cet arrêt (1) a soutenu qu'il était suffisant de transcrire un écrit quelconque, même dénué de toute force probante, à la condition que l'écrit révélât la convention. Il serait donc simplement nécessaire de faire transcrire la lettre contenant l'offre

______

(1) D. P. *loc. cit.*, notes 1, 2, 3. — Voir également un article de Mourlon. Revue pratique, année 1856, tome I, page 213, § 27.

du vendeur et la copie de l'acceptation de l'acqué-
reur(1).

Combien plus exigeant est le système de la jurisprudence !

Nous avons dit que de même qu'en matière de
commerce, la correspondance devait faire preuve de
la convention au civil. Eh bien, même en adoptant
cette solution, dans le système de l'arrêt de 1865, il
faudrait faire encore un pas de plus ! Les actes suf-
fisants pour la preuve ne le seraient pas pour la
transcription. On ne pourrait en effet transcrire que
les originaux. Or, l'acheteur n'a que l'original de la
lettre d'offre. Il notifiera son acceptation à son vendeur, dit l'arrêt, et en fera transcrire l'original
avec celui de la lettre. Que de temps perdu !

(1) Certains auteurs, (MM. Aubry et Rau, tome II, page 258,
Flandin, Transcription hypothécaire, tome I, n° 80) sont d'avis que
l'acquéreur peut faire transcrire la lettre d'offre et la lettre d'acceptation. Mais cette solution n'est guère praticable, dit M. Beudant (*loc. cit.*) Lisons plutôt le passage suivant qui établit clairement la manière dont la question se pose. « L'acheteur intéressé à
faire transcrire ne peut posséder que bien rarement les deux documents indiqués. Si c'est de lui que sont venues les propositions d'a-
chat, la lettre d'offre est aux mains du vendeur, l'acheteur ne pos-
sède que la lettre d'acceptation. Si c'est du vendeur que sont venues
les propositions de vente, l'acheteur n'a au contraire que la lettre
d'offre, celle qui contient l'acceptation est aux mains du vendeur.
Sans doute, s'il y a entente entre les deux parties et bonne foi de
part et d'autre, les deux lettres pourront être réunies, mais alors
il serait bien plus simple de rédiger de suite un acte sous seing
privé qui serait porté à la transcription. Ce n'est donc qu'en cas de
dissentiment entre l'acquéreur et le vendeur que la question se po-
sera, alors en un mot que ce dernier possesseur de la lettre d'acceptation ne sera pas disposé à s'en séparer. »

La jurisprudence est partie de cette idée que la transcription implique la publication du titre, c'est-à-dire d'un acte ayant force probante, l'opération juridique terminée. Poussons sa théorie à l'extrême. La loi de 1855 a prescrit la transcription des jugements reconnaissant une convention verbale. Elle a donc décidé que la convention verbale elle-même n'était pas susceptible de transcription. Il s'ensuit qu'on ne pourra transcrire qu'un jugement ou un titre régulier. A défaut de titre régulier, il faudra donc recourir à un jugement. Que de retards ! Que de lenteurs ! Et pendant le temps souvent très long où l'acquéreur prendra son jugement, la porte n'est-elle pas toute grande ouverte à la mauvaise foi du vendeur ?

On dit encore que si la transcription d'un écrit rédigé par l'acquéreur seul — la copie de la lettre d'acceptation — est suffisante, le premier venu peut faire opérer une transcription mensongère qui pendant un certain temps mettra chez le propriétaire une entrave à l'exercice du droit de disposer. Ce danger n'est-il pas chimérique ! Une telle personne s'exposerait ainsi à une action en dommages-intérêts.

Dans le système de la jurisprudence, les intérêts de l'acheteur peuvent être fort compromis. Ce système présente en effet un inconvénient qui a déjà qui a déjà été signalé et sur lequel il faut insister. Le vendeur manque-t-il à sa parole et cherche-t-il à vendre à un autre son immeuble ? C'est un homme malhonnête à qui on vient offrir un meilleur prix que celui que paie le premier acheteur. Il s'empressera de faire un nouveau marché, d'en passer acte. Le second acheteur transcrira immédiatement. Le premier acheteur qui apprend les agissements de son vendeur devra se hâter de transcrire. Or, dans ce système, il faut préalablement qu'il lui notifie son acceptation ou qu'il le poursuive en justice pour avoir un titre. Le second acheteur arrivera avant lui. En fait, il sera à la merci du vendeur qui pourra conférer à des tiers des droits qui lui seront opposables.

Le seul moyen de remédier à cet inconvenient est de permettre à l'acquéreur de faire transcrire un acte émané de lui.

Cette crainte de la fraude semble bien avoir guidé le législateur en matière de saisie-arrêt. L'article 558 du Code de procédure civile ne dit-il pas qu'en l'absence de titre du créancier, le juge pourra permettre sur requête la saisie-arrêt ? Or, dans quel but est fait cet article, sinon dans celui d'empêcher le débiteur de soustraire son patrimoine aux poursuites de son créancier avant que celui-ci ait pu prendre jugement contre lui, de mettre par une mesure rapide le débiteur dans l'impossibilité de nuire au créancier ? Pourquoi ne raisonnerions-nous pas par analogie en matière de transcription de vente par correspondance ?

La loi de 1855, dit-on enfin, suppose un titre de nature à faire preuve. Mais il y a là une confusion entre la question de la validité de la convention et celle de l'efficacité de la transcription. La première est absolument indépendante de la transcription qui n'est qu'une mesure de publicité, n'ajoutant rien à la force de l'acte. Elle ne confère à l'intéressé aucun droit en dehors de ceux qu'il peut tenir de l'acte même. Aussi le conservateur n'a-t-il pas à se préoccuper de la force probante des actes qui lui sont présentés. L'article 2181 du Code civil ne lui donne pas un pouvoir d'appréciation. Les tiers qui y auront intérêt pourront rechercher s'il y a eu publicité et vérifier les titres en vertu desquels la transcription a été opérée mais sur le point de savoir seulement s'ils annonçaient la convention et non s'ils la prouvaient.

Avec la théorie de la jurisprudence on arriverait à dire que la transcription devrait réunir tous les éléments nécessaires à la preuve du transfert de propriété.

A notre avis, et pour nous résumer, il suffit de

transcrire un écrit relatant simplement la convention (1).

Cette question de la transcription du contrat par correspondance a sa contre-partie en matière d'enregistrement. L'article 54 de la loi du 28 avril 1816 dit que dans tous les cas où les actes seront de nature à être transcrits, le droit sera augmenté d'un et demi pour cent et la transcription ne donnera plus lieu à aucun droit proportionnel. Le droit de transcription est ainsi perçu à l'avance. Il y a des actes sur lesquels on hésitera. Devra-t-on percevoir ce droit sur un télégramme, sur la copie d'une lettre ? La jurisprudence devrait écarter de la perception du droit de 1,50 pour cent tous les actes qu'elle ne considère pas comme pouvant être transcrits.

Remarquons enfin que l'enregistrement est nécessaire à toute production de lettre en justice (2) et que si, comme nous le prétendons, il suffit de transcrire une simple lettre relatant une convention, cette lettre sera soumise à l'article 54 de la loi du 28 avril 1816 dans les cas où une transcription sera ultérieurement possible.

(2) Art. 43, n° 14, de la loi du 28 avril 1816. Loi du 1ᵉʳ décembre 1814.

(1) Voir l'arrêt d'Alger, 10 novembre 1885, (D. P. 1886, 2. 161), qui dit qu'on peut transcrire un acte ne faisant pas preuve de la convention.

CHAPITRE V

DES PARTICULARITÉS QU'OFFRENT CERTAINS MOYENS SPÉCIAUX DE CONTRACTER PAR CORRESPONDANCE.

Nous nous sommes placés, dans le cours de cette étude, dans l'hypothèse d'un contrat par lettre missive. Les règles que nous avons essayé de poser sont en général applicables aux autres intermédiaires.

A leur sujet pourtant et à cause de leur nature, des particularités peuvent se présenter. Nous traiterons d'abord du télégraphe et nous nous occuperons spécialement de la preuve du contrat conclu par télégramme et des personnes qui doivent supporter le préjudice causé par les erreurs survenues dans la correspondance télégraphique. Nous parlerons ensuite du téléphone et dirons quelques mots d'un appareil aujourd'hui déjà assez répandu : le phonographe.

Section I. — Du contrat par télégraphe.

§ 1. — *De la preuve du contrat conclu par le moyen du télégraphe.*

Dans la correspondance télégraphique, le destinataire ne recevant pas l'écrit même de l'expéditeur, comme dans la correspondance par lettre missive, on peut se demander si le télégramme doit avoir, au point de vue de la preuve du contrat, la même force que la lettre.

On l'a soutenu et l'on a dit que le télégramme, tel qu'il était délivré au destinataire, devait être considéré comme une lettre que l'expéditeur aurait écrite et signée lui-même. En cas de preuve, c'est donc au télégramme lui-même tel qu'il a été reçu qu'on devrait recourir et non au télégramme-brouillon, tel qu'il a été déposé à la poste par l'expéditeur, écrit et signé de lui.

C'est l'avis de M. Ripert (1) quand il dit que toutes les fois qu'ils sont représentés, c'est aux termes des télégrammes reçus qu'il faut s'attacher.

Admettons pour un instant que le télégramme tel qu'il a été reçu puisse à lui seul, sans tenir compte

(1) *Vente commerciale,* page 232.

de l'ordre même de son expéditeur, être considéré comme un moyen de preuve et supposons qu'il y ait désaccord entre les deux, que l'employé des postes n'ait pas transcrit exactement la pensée de l'expéditeur. Dans le système de M. Ripert, on arrivera à prouver un contrat qui ne s'est pas formé, un contrat nul faute du consentement des deux parties. L'accord des volontés, en effet, n'a pas pu exister, puisque la proposition de l'expéditeur n'était pas ce que le destinataire a accepté : c'est une offre erronée qui a été transmise à ce dernier, comment y a-t-il pu avoir concours de volontés sur un même point ? Or ce concours est essentiel pour que le contrat se forme.

Le télégramme doit, selon nous, être assimilé pour cette raison à une simple copie. Lorsqu'une partie voudra faire la preuve d'un contrat conclu par ce mode de correspondance, elle devra représenter non-seulement la copie mais encore l'original, c'est-à-dire l'écrit même de l'expéditeur, tel qu'il a été déposé au bureau du télégraphe et c'est seulement en cas de concordance parfaite, sinon dans les mots, au moins dans les idées contenus dans la copie et l'original que les juges pourront y trouver un moyen de preuve. Il est facile aux juges de se faire apporter l'original puisque l'administration des postes est obligée de tenir un registre des télégrammes reçus et envoyés. On recourra aux formalités édictées au Code de procédure civile, au titre de la vérification d'écritures, au cas où les pièces de comparaison sont entre les mains de dépositaires publics ou autres. (articles 201 et suiv.).

Le Code de commerce Italien de 1882 en décidant (article 21) que chaque commerçant est tenu de mettre en liasse les lettres et télégrammes qu'il reçoit et de garder copie dans un registre des lettres et télégrammes qu'il envoie, semble bien exiger la concordance des originaux et des copies des télégrammes.

L'article 45 est même formel sur ce point, puisqu'il laisse de côté le télégramme lui-même pour ne parler que de l'original quand il dit : « Le télégramme fait preuve comme écriture privée, soit lorsque l'original est signé par la personne même de l'expéditeur ainsi déclaré, soit lorsqu'il est établi que ladite personne l'a déposé ou fait déposer au bureau télégraphique, alors même qu'elle n'aurait pas signé (1).

Le Code espagnol de 1885 contient une disposition curieuse au sujet de la preuve des contrats conclus par télégramme, que le législateur a voulu rendre efficace, en évitant le plus possible les cas de fraude. « La correspondance télégraphique, d'après l'article 51, § 2, ne produira une obligation qu'entre les contractants qui ont préalablement admis ce

____

(1) Voir également les articles 27, 28, 46, 47.

mode de preuve par une convention écrite et toutes les fois que les télégrammes réunissent les conditions ou signes conventionnels prévus par les dits contractants, si telle a été la convention (1) ».

§ 2. — *Qui doit supporter le préjudice causé par les erreurs survenues dans la correspondance télégraphique?*

Si l'erreur a été commise par l'un des correspondants dans la rédaction d'une missive, il est certain qu'elle doit être à sa charge, car nul ne peut tirer une excuse de sa propre faute. Mais dans la correspondance télégraphique, il y a des erreurs qui peuvent être faites en dehors des correspondants eux-mêmes, à cause de la nature de cette correspondance qui réclame l'auxiliaire d'employés spéciaux chargés, non pas simplement, comme pour la lettre missive, d'en opérer la remise brutale et inconsciente pour ainsi dire, mais bien de transmettre les paroles mêmes de l'expéditeur. Cette transmission peut être une source féconde d'erreurs, l'employé apportant plus ou moins de soins dans l'exécution de son service.

Qui doit supporter ces erreurs ? La partie lésée qui a conclu avec l'administration des postes. par le fait de la remise de sa dépêche, un véritable louage de services devrait pouvoir se retourner contre elle.

(1) Voir également Code portugais, art. 97. Code roumain, art. 47 et 48. Code argentin, art. 214.

Mais l'administration s'est mise elle-même à l'abri des erreurs commises par ses employés (voir loi du 5 nivôse, an V, article 14. Loi du 29 novembre 1850. Convention de Saint-Pétersbourg, du 22 juillet 1875).

Cette situation est contraire au droit commun. Celui-ci est suivi aux Etats-Unis d'Amérique. La poste, il est vrai, y est affermée. Un arrêt de la Cour suprême de justice du Maine, en date du 27 août 1887, admet formellement la responsabilité de la compagnie vis-à-vis de l'expéditeur (1).

Mais si l'administration est à couvert, il ne s'ensuit pas que l'employé le soit; le particulier lésé pourra lui demander des dommages-intérêts. Il est vrai que ce recours sera le plus souvent illusoire parce qu'on aura tout d'abord beaucoup de peine à découvrir le coupable et que, même l'eût-on découvert, on aura beaucoup de chance de tomber sur une personne insolvable (Cassation, 3 janvier 1876, D., P. 1876, I, 221. Cassation, 21 novembre 1890, *Gaz.,*Pal.*, 1890, II, 584).

Mais l'employé lui-même ne pourra-t-il pas se retrancher derrière l'irresponsabilité de l'Etat, et invoquer à son profit l'article 6 de la loi du 29 novembre 1850?

L'arrêt de cassation du 3 janvier 1876 admet que

(1) *Journal du droit international privé*, année 1890, page 372.

la décision du tribunal des conflits qui a reconnu la compétence de la juridiction civile, en se fondant sur ce que l'action soumise à cette juridiction était dirigée contre des employés de l'administration des télégraphes à raison des faits à eux personnels et non pas à raison de leur qualité de mandataires de l'Etat, ne permet pas à ceux-ci d'invoquer la règle qui en cette matière exonère l'Etat de toute responsabilité. Il s'agissait dans l'espèce d'une faute commise par des employés d'un bureau télégraphique dans la distribution des dépêches survenue, au moment d'une rixe.

L'arrêt semble faire une distinction. L'employé a-t-il commis une faute en dehors du mandat qu'il a reçu de l'Etat ? Il est personnellement responsable. Est-ce au contraire, à l'occasion de l'exercice même de sa fonction de mandataire qu'il s'est trompé ? A-t-il par exemple mal transcrit un signe? Il sera couvert par la loi de 1850. En un mot, toutes les fois que des circonstances de fait n'auront pas, en détournant l'employé de sa tàche, amené l'erreur, celui-ci devra être déclaré irresponsable. Il y a entre l'Etat et l'employé un véritable contrat de mandat. Or ce mandant étant irresponsable de ce qu'a fait son mandataire à l'occasion de l'exécution du mandat, celui-ci en mettant son mandant en cause, sera déchargé de toute responsabilité et le recours du particulier sera alors impossible.

Mais si l'employé est sorti de l'exécution des règlements qui établissent ses rapports avec le public et qu'ainsi il a commis une erreur, il répondra personnellement du tort qu'il a causé (Conseil d'Etat, 10 septembre 1855, D. P. 185· III, 34. 6 décembre 1855, D. P, 1859, III, 35).

Cette solution une fois admise, il est facile de trancher la question de compétence. C'est aux tribunaux administratifs que le particulier devra s'adresser, s'il attaque un employé pour faute commise à l'occasion de son service en tant que mandataire de l'Etat; mais, s'il s'agit de faits personnels à l'employé, c'est devant le tribunal civil qu'il devra porter son affaire (Arrêt du 6 décembre 1855, *loc. cit.*).

Finalement, le plus souvent, le débat se circonscrira entre l'expéditeur et le destinataire; lequel des deux supportera le dommage ?

Primus écrit par exemple à Secundus pour lui demander le prix auquel il veut lui vendre mille sacs de blé. Secundus répond télégraphiquement à vingt et un francs le sac. Or l'employé du télégraphe se trompe et ce télégramme remis à Primus porte 20 au lieu de 21. Celui-ci accepte. Sur qui retombera l'erreur de l'employé ?

M. Ripert (1) fait supporter la perte à l'expéditeur du télégramme parce que le mandant est responsable des agissements de son mandataire.

M. Boistel (2) admet la même solution, mais lui donne un autre motif. Les conséquences des inexactitudes que commet le télégraphe ne peuvent tomber que sur celui qui a employé ce mode toujours un peu chanceux de donner un ordre. Son correspondant ne peut être lié que par ce qu'il a connu.

C'est donc l'expéditeur qui serait toujours responsable parce que c'était à lui à ne pas se servir du télégraphe, parce qu'en un mot il a ainsi assumé les risques de l'opération. (Tribunal de commerce la Seine, 28 mai 1856, Af. Coulon c. Boisgaultier frères, *Journal des Tribunaux de commerce*, 1856, n° 1868).

Mais est-on bien fondé à dire que l'expéditeur doit être présumé avoir pris les risques à sa charge parce qu'il s'est servi du télégraphe?

Le télégraphe est un moyen de contracter entre absents comme la poste, mise comme celle-ci par l'Etat à la disposition du public. Or, il ne semble pas qu'on puisse faire grief à qui que ce soit d'avoir confié une lettre à la poste. Peut-on dire qu'en employant le télégraphe, l'expéditeur n'a pas agi en

(1) *Vente commerciale*, page 231.
(2) *Droit commercial*, § 414.

père de famille diligent ? Nous ne le croyons pas. « Le télégraphe, dit un jugement du Tribunal de commerce de Caen (1), malgré ses erreurs de plus en plus nombreuses et dont la gravité n'est peut-être pas assez appréciée par les commerçants, est un moyen usuel et général de correspondance » et il en conclut fort justement, à notre avis, que le correspondant n'encourt aucune responsabilité à employer ce mode de correspondance plutôt qu'un autre.

Il y a mandat, a dit M. Ripert. Il y a dans le fait de confier un télégramme à l'administration non pas un mandat, mais bien un véritable louage de services et le principe du mandat invoqué par M. Ripert n'est pas applicable en cette matière.

Il nous semble qu'ici le Code de commerce italien a été dans le vrai quand il a dit, dans son article 46, que s'il y avait erreur, altération ou retard dans la transmission d'un télégramme, il devait être fait application des principes généraux sur la faute mais que l'expéditeur était présumé exempt de faute, s'il avait pris soin de faire collationner son télégramme ou de le recommander, en se conformant aux dispositions réglementaires.

Ce sera donc finalement une question d'espèce.

(1) 28 mai 1856. *Journal des Tribunaux de commerce*, 1856 n° 1868. En sens contraire, Nantes, 17 janvier 1885, *Gaz.*, *Pal.*, 1885, II, 585.

Les juges devront avec soin examiner les préliminaires du contrat, rechercher si la plus légère faute n'a pas été commise par l'un des contractants. Celui qui sera coupable, même de négligence, supportera le dommage.

Nous admettons également la présomption que le Code de commerce italien établit en faveur de l'expéditeur, au cas où il a fait recommander son télégramme : ce sera donc alors au destinataire à montrer la faute de son correspondant.

Mais il peut fort bien arriver qu'aucun des correspondants n'ait même de négligence à se reprocher et que les juges ne puissent rien découvrir ni contre l'un ni contre l'autre dans l'élaboration du contrat. En ce cas, le dommage sera supporté par celui qui l'a souffert, puisque son correspondant doit être mis hors de cause, à moins que l'employé du télégraphe ne soit responsable. Il y a en un mot pour les parties, un véritable cas fortuit qui ne frappe que celui qu'il concerne. (Tribunal de commerce d'Anvers 20 mars 1876. Jurisprudence d'Anvers 1876, 1, 253. J.D.I.P. Année 1876, page 487).

Section II. — Du contrat par téléphone

Les messages téléphoniques ont pris depuis quelques années un développement considérable et l'on peut prévoir le moment où il sera aussi courant d'employer ce mode de transmission de la pensée que la lettre ou le télégramme. A son sujet, des questions juridiques peuvent se présenter que nous voudrions indiquer. Comme pour les contrats conclus par lettre missive, comme pour ceux conclus par le télégraphe, avant toutes les autres une question se pose : quand et où le contrat sera-t-il formé ?

Les juristes italiens s'en sont préoccupés les premiers. M. Gabba (1) s'est demandé si le contrat par téléphone devait être regardé comme un contrat entre présents ou un contrat entre absents. Le contrat entre présents, soutient M. Gabba, est celui dans lequel les deux contractants échangent leur déclarations de telle façon que l'offre et l'acceptation se succèdent sous solution de continuité. Dans le contrat entre absents, au contraire, il n'y aura pas de simultanéité dans la déclaration de l'offrant et la perception de cette déclaration par l'autre partie. En un mot, l'élément essentiel du contrat entre présents est cette simultanéité entre l'expression de sa volonté et sa perception. Or n'est-ce pas ce qui se passe dans la correspondance téléphonique ? Au moment même on peut le dire car la transmission est instantanée, où l'offre part de la personne qui l'en-

(1) *Journal des lois de Genève*, nº 40. *Moniteur des tribunaux de Milan*, nº 41.

voie, elle arrive à son destinataire. Cette conversation entre deux contractants usant du téléphone est donc bien comparable à une conversation entre présents. En ce cas, chaque déclaration qui sort de la bouche d'une partie est en même temps entendue par l'autre.

En raisonnant ainsi M. Gabba semble faire consister le contrat entre présents dans le simple fait de la simultanéité de l'offre et de l'acceptation. Ne faut-il pas autre chose ?

Un autre jurisconsulte italien, M. Vidari (1) fait du contrat par téléphone un contrat entre absents. Selon lui, pour qu'il y ait contrat entre présents, deux choses sont nécessaires : la simultanéité telle que nous venons de l'envisager et la présence même des parties; et pour appuyer son idée, M. Vidari fait une comparaison avec le télégraphe. Prenez, dit-il, deux individus qui contractent au moyen d'un télégraphe privé, sans l'aide des personnes employées d'ordinaire pour la transmission des dépêches, l'offre et l'acceptation se succèdent bien sans solution de continuité et pourtant un tel contrat ne sera considéré par personne comme un contrat entre présents.

Tel est bien aussi notre avis. Il faut que les parties contractantes, dans le contrat entre présents

(1) *Journal des lois de Genève*, nº 42.

soient présentes *animo et corpore*. M. Gabba n'exige en somme que *l'animus*, faisant ainsi une part trop large à l'élément subjectif du contrat et dédaignant complètement l'élément objectif, le *corpus*, la présence matérielle des parties.

Il y a, en effet, quelque analogie entre le contrat par téléphone et le contrat par télégraphe. Or celui-ci est bien sans contredit entre absents. Et puis, il nous semble difficile de voir un contrat entre présents là où deux personnes sont peut-être éloignées l'une de l'autre par des milliers de kilomètres.

Mais, pourra-t-on dire, supposez que deux personnes enfermées dans deux chambres différentes se parlent à travers une mince cloison, prétendrez-vous qu'il y a là un contrat entre absents? Certes non. Mais pourquoi, sinon parce que ces personnes pour se comprendre n'ont besoin d'aucun intermédiaire? Elles sont matériellement en présence l'une de l'autre, bien qu'elles ne se voient pas. Qu'elles soient dans l'obscurité, l'hypothèse sera la même et ce sera bien un contrat entre présents. Toutes les fois par conséquent que pour échanger leur consentement, les parties auront besoin de recourir à un intermédiaire quel qu'il soit, nous devrons traiter la convention intervenue entre elles comme une convention entre absents. Or le téléphone est bien réellement un véritable intermédiaire.

Cette discussion sur la question de savoir si le contrat conclu par le téléphone est entre présents ou entre absents est presque exclusivement théorique. Les résultats pratiques à en tirer ne sont pas nombreux. Analysons donc le contrat et, par cette analyse même, nous trouverons les solutions à donner aux problèmes divers qui peuvent se poser à son sujet.

Revenons à la question de savoir quand le contrat se forme. Le moment de l'acceptation étant ici distant d'une fraction de temps des plus minimes de celui où l'offre a été émise, on peut dire réellement qu'il y a simultanéité entre l'expression de la volonté et sa perception. Les choses se passent donc pour le moment de la formation du contrat, comme si les parties étaient présentes. Mais nous ne disons pas que les parties sont présentes.

Cette simultanéité de l'offre et de l'acceptation rendrait impossible toute rétraction de l'offre. Nous ne parlons pas de l'acceptation, puisque nous avons soutenu qu'elle n'était pas rétractable. Il ne faudrait pas pourtant pousser à l'extrème cette idée de simultanéité. Il est un cas, en effet, où il pourrait y avoir rétraction, mais il est bien problématique. Le pollicitant a demandé la communication avec la partie qui doit traiter avec lui. En faisant son offre même, il se repent et, avant

que l'autre partie ne réponde, se rétracte. Sa rétractation sera certainement valable, puisque l'acceptant n'aura pas encore eu le temps de manifester sa
volonté et qu'il n'y aura pas *in idem placitum consensus*, s'il la manifeste après la rétractation. Mais supposons que ce soit l'acceptant qui se repente aussitôt sa déclaration émise, sa rétractation restera
sans valeur. Dès qu'il s'est dessaisi de sa volonté,
il y a eu accord avec, la volonté de l'offrant et il lui
est dès lors impossible de revenir en arrière, puisque le contrat est formé.

Il en serait de même si les deux parties étaient
en présence l'une de l'autre. Le pollicitant qui aurait
été touché de l'acceptation pourrait déclarer mal venue la rétractation de son co-contractant. Nous
avons soutenu que notre système était bien l'image
de ce qui se passait dans le contrat entre présents,
contrairement aux partisans de l'information qui se
font un argument de cette idée. Or, il nous semble
que cet exemple est tout en notre faveur.

Cette simultanéité de l'offre et de l'acceptation
empêche de se produire toutes les questions de
changement de capacité des parties ou de mort de
l'un des contractants, telles que nous les avons envi-
sagées, principalement au sujet des contrats faits
par lettre missive.

Une seconde considération, avons-nous dit, doit

nous guider en cette matière : l'éloignement des
parties. Celles-ci se trouveront souvent dans des
lieux différents. On peut se demander quel tribunal
sera compétent pour juger les difficultés naissant
des contrats conclus par téléphone, quelle loi leur
est applicable, si les deux parties ne sont pas, par
exemple, dans le même état.

La solution de ces différentes questions découle
de celle qui est donnée sur le point de savoir où le
contrat se forme. Au point de vue de l'éloignement
des parties contractantes, il n'y a pas de différence entre les contrats conclus par téléphone et
ceux qui le sont par lettre missive. Nous appliquerons aux premiers la théorie que nous avons
soutenue au sujet des seconds : c'est donc bien le
lien où l'acceptant se dessaisit de son acceptation
qui sera le lieu du contrat.

Naturellement ce n'est que pour ainsi dire en dé-
sespoir de cause que nous mettrons cette théorie en
pratique. Ici, comme partout, nous prendrons d'a-
bord pour guide la volonté des parties. Ce n'est
qu'en son absence que nous appliquerons le système
de l'émission (1).

Un auteur italien, M. Bolaffi (2), suit aussi la loi

---

(1) En ce sens M. Vidal. *Recueil de l'Académie de législation de
Toulouse*, tome 33, page 228.

(2) Art. 36, *del nuovo codice di commercio edi contratti per telefono*
(*Archivio giuridico diritto*. Tome XXIX page 505).

du contrat, mais, partisan du système de l'information, il admet qu'il est formé chez l'offrant, au lieu
où la réponse de l'acceptant lui arrive. C'est donc la
loi du lieu où le proposant se trouve qui règle le
contrat, ses formes et ses effets.

M. Norsa (1) préconise pour les contrats par téléphone un système bien singulier. Les règles de ces
contrats, qui, selon lui, ne sont ni entre présents,
ni entre absents, doivent être laissées à l'équité des
juges, être fixées par le droit naturel, parce que le
législateur ne s'est pas encore expliqué à leur
sujet.

Mais où trouverons-nous les règles du droit naturel que nous devons faire nôtres dans le contrat
conclu par téléphone? M. Norsa ne le dit pas. Et
puis, n'est-ce pas susciter des solutions qui, par
leur variété et même leur contradiction, peuvent jeter le trouble dans les relations commerciales? « La
solution de M. Norsa, dit M. Vidal (2), nous paraît
indigne d'un jurisconsulte comme lui. »

Nous avons vu, à propos des contrats conclus par
télégraphe, que des difficultés pouvaient surgir par
suite des erreurs des employés. En est-il de même
pour le téléphone? Dans la correspondance télégraphique, le message est remis à un employé. Celui-ci

(1) *Il telefono et la legge.*
(2) *Loc. cit.*

peut se tromper dans l'expédition même de la dépêche. Un second employé qui la reçoit peut à son tour ne pas prendre assez de soin du télégramm et le copier à la légère : les erreurs en fait, sont assez fréquentes. Dans la correspondance téléphonie que, au contraire, les deux parties se mettent en rapport sans avoir besoin de recourir à des tiers. Les chances d'erreurs sont nulles à ce point de vue.

Mais à d'autres le contrat par téléphone est certainement moins sûr. Supposons qu'on veuille prouver un tel contrat. Quels moyens les parties auront-elles de le faire ? Aucun. Il ne reste rien des pourparlers préliminaires; il n'y a pas de trace de l'échange des consentements. Pour prouver un contrat fait par le télégraphe, les parties pouvaient avoir recours aux télégrammes ou aux livres de la poste ou même des parties, et nous avons vu que cette preuve devait être admise. Ici, il n'y a que des paroles qui ne laissent aucune trace, à moins que, par hasard, des témoins ne se soient trouvés là, qui les aient entendues et que la preuve par témoins soit possible.

Quant au préjudice causé par une erreur quelconque, nous suivrons en principe la doctrine de l'article 46 du Code de commerce italien que nous avons admise pour la correspondance télégraphique et appliquerons les règles générales de la faute.

Un inconvénient peut encore se produire. Le téléphone altère assez fort la voix de la personne qui s'en sert, si bien que son correspondant peut être facilement trompé. Un individu de mauvaise foi peut, aujourd'hui surtout qu'il existe des cabines téléphoniques publiques, prenant les nom et qualité d'un autre, conclure un contrat au grand détriment de la personne pour laquelle il se fait passer. Il est vrai qu'il faudra faire la preuve de ce contrat et que cette preuve est bien difficile à administrer.

Pour remédier à cet état de choses, les commerçants qui sont en relations courantes d'affaires, pourraient convenir d'un signe, d'un mot quelconque qui les aiderait à se reconnaitre.

Ces inconvénients divers nous font souhaiter davantage encore l'intervention du législateur dans cette matière, neuve il est vrai, mais dont les développements sont constants et qui tend à prendre tous les jours une place plus grande dans les relations commerciales.

Section III. — De la possibilité du phonographe dans les contrats par correspondance.

Sans vouloir insister sur les modes variés de transmission de la pensée que les progrès de la science multiplient tous les jours, nous devons dire pourtant quelques mots du phonographe. Qu'est-ce que le phonographe? Nous l'avons comparé au *nuncius* que les Romains avaient privé d'initiative. Pour qu'il y ait hypothèse juridique, il faut que les deux correspondants aient chacun un appareil.

Celui qui veut correspondre se met devant son phonographe, prononce le message qu'il désire envoyer, puis retire la plaque de métal qui reçoit les sons et l'expédie à la personne avec laquelle il va contracter. Celle-ci l'adapte à son appareil, met celui-ci en mouvement et de l'appareil sortent non seulement les propositions, mais même les propres paroles du correspondant avec le son et le timbre de sa voix.

Cette dépêche phonographique présente un grand avantage sur le messager : elle ne ment pas, elle est rigoureusement exacte; elle est de plus un moyen sûr de preuve.

L'appareil, il est vrai, coûte cher et il est pour

cette raison encore, peu employé. Mais ne peut-on pas prévoir sa diffusion dans un avenir récent?

Le phonographe a un grand avantage sur le téléphone : il laisse dans les plaques phonographiques une trace du contrat. Mais, comme la lettre, ce n'est pas un moyen de transmission rapide. Le télégraphe et le téléphone sont, au contraire, des instruments de transmission instantanée de la pensée; le téléphone surtout. Le premier a l'inconvénient de mettre un certain nombre d'intermédiaires, qui peuvent se tromper ou être indiscrets, dans la conclusion d'une affaire. Le second, inconvénient plus grave, ne laisse aucune trace de la convention à cause de sa nature même et du mode de son installation, si bien qu'il est presque impossible de faire la preuve des contrats par téléphone (1).

Nous ne reviendrons pas sur le messager; nous avons suffisamment montré son rôle (2). En droit français, le simple messager doit être considéré comme le *nuncius* romain, tel que nous l'avons compris; c'est un porte-paroles. Nous avons dit, en outre,

---

(1) M. Valéry (Examen des applications que le phonographe peut recevoir dans la correspondance commerciale et leurs conséquences juridiques. *Annales du Droit commercial*. Année 1890, page 93) signale un instrument qui apporterait un remède à tous ces inconvénients. C'est le téléphonographe, combinaison du téléphone et du phonographe de M. Ch. Tainter, collaborateur d'Edison.

(2) Contrat *per nuncium*.

en traitant de la formation du contrat fait *per nuncium*, que notre théorie était celle que nous admettions dans notre droit pour le messager.

CHAPITRE VI

DU CONTRAT PAR CORRESPONDANCE EN DROIT INTERNA-
TIONAL PRIVÉ.

Primus de Bruxelles écrit à Secundus de Paris :
Etes-vous vendeur de mille sacs de blé à vingt-et-un
francs le sac? Secundus répond affirmativement.
Une vente s'est formée. Quelle loi allons-nous appliquer à ce contrat? La loi belge ou la loi française ?

Il ne fait pas de doute, comme nous l'avons admis
au point de vue des contrats passés en France, que
si les parties contractantes ont manifesté la volonté
de s'en référer à une loi plutôt qu'à une autre, que
même si de quelque côté il apparaît que telle a bien
été leur intention, c'est elle qu'il faut suivre. Comme
nous l'avons montré, il y a là une sorte d'autonomie de la volonté, en concordance parfaite avec l'article 1134 de notre Code civil et le juge doit s'en
faire une règle rigoureuse.

Mais admettons que les parties soient restées
muettes sur ce point et que, d'aucun des éléments
du contrat, il ne découle qu'elles aient voulu se sou-

mettre à une loi plutôt qu'à une autre, laquelle devons-nous suivre ?

Il est d'abord une opinion fort dangereuse selon nous et qui doit être avant tout écartée. Grotius (1) et Hert (2) en sont les promoteurs. Selon ces auteurs les règles des contrats par correspondance doivent être fixées par le droit naturel. Grotius notamment arrive à cette conclusion en comparant le contrat fait par lettre à celui passé en pleine mer, à bord d'un navire. Or il est certain que son point de départ est faux puisqu'un tel contrat n'est pas soumis au droit naturel (3). Cette solution serait en tous cas bien vague. Nous l'avons dite en outre dangereuse. Elle laisserait tout à l'arbitraire du juge, transformerait en pure question de fait une question juridique, et par la variété des décisions nécessairement contradictoires qu'elle entraînerait, nuirait considérablement tant à la bonne administration de la justice qu'à la prospérité du commerce que ne peuvent qu'entraver des hésitations et des changements d'opinion continuels. Laisser à l'équité des magistrats le soin de trancher tous les jours un problème aussi difficile est un véritable aveu de fai-

1. *De jure belli*, lib. II, cap. XI § 5.
2. *De commeatu litterarum*, § 16 et suiv.
3. Voir Massé, *Droit commercial*, t. I, Liv. II, Chapitre I et II et n° 529.

blesse! Cette idée n'en a pas moins séduit, nous l'avons vu, M. Norsa (1) qui voudrait l'appliquer aux contrats conclus par téléphone.

N'est-il pas plus logique, en cas de silence des parties, de recourir aux principes établis par la loi actuelle des contrats et d'essayer d'y découvrir la véritable règle à suivre ? C'est dans ces principes que les auteurs et la jurisprudence ont trouvé les fondements des diverses doctrines émises sur ce sujet.

Quelles sont ces doctrines ?

On a soutenu (2) qu'il fallait suivre la loi du lieu fixé pour l'exécution du contrat. Ce système a pour base un texte du digeste qui forme la loi 21 au titre de *obligationibus et actionibus* (XLIV, 7). Nous avons vu que c'était l'un de ceux que Baldus avait cités à l'appui de sa théorie sur la formation du contrat et nous avons montré qu'il a en vue une simple question de compétence (3). Il y a pourtant là une véritable manifestation de volonté qui peut servir de guide aux juges. Nous l'avouons, mais il n'y a pas en tous cas matière à une règle générale. Quelle loi suivrait-on si le lieu de l'exécution n'avait pas été fixé, ce qui est fréquent ?

1. *Il telefono e la legge.*
2. C'est l'opinion de M. de Savigny t. VIII § 372.
3. Contrat *per nuncium* page 77.

Cette théorie a été consacrée législativement par le Code Saxon § 11 « *Forderungen werdem nach den Gezetzen des Ortes beurtheilt, an velchem si zú erfüllen sind.* »

La jurisprudence anglaise oscille entre la *lex loci solutionis* et la *lex loci contractus celebrati* (1). Elle ne fait pas d'exception si le contrat a trait à un immeuble. La jurisprudence française semble bien au contraire, suivre la *lex rei sitæ* en ce cas. (Cassation 20 février 1882, S. 1882, I. 145. Paris 10 février 1887. 30 août Droit 1887.) Il y a là, dit M. Weiss (3), une exagération de ce que l'on est convenu d'appeler le statut réel (3). Un arrêt de la Cour de Douai du 11 décembre 1891 admet même que le droit de rétention et le privilège sur les meubles sont de statut réel et applique à ces derniers la *lex rei sitæ*.

M. de Savigny (4) veut que chaque partie reste soumise au droit de son domicile, s'il n'y a pas eu de fixation du lieu de l'exécution.

Certains enfin suivent la loi du domicile du débiteur, à cause des faveurs qu'en législation on a l'habitude de lui prodiguer (2).

1. Westlake, la doctrine anglaise en matière de droit international privé. Revue de droit international 1882 page 285.
2. Droit international privé, page 636 et suiv.
3. Gaz, Pal. 1892, I. 655.
4. Tome VIII (loc. cit).
5. Bar. Théorie und Praxis des internationales Privatrechs, (2e édition tome II page 13) citant Windscheid et Mommsen.

Quant à nous, il nous semble que c'est avant tout à l'interprétation de la volonté probable des parties qu'il faut se livrer. Quelle est-elle réellement, si en aucune façon elle ne s'est manifestée ? Aux auteurs qui admettent la *lex loci solutionis*, quand le lieu du paiement a été fixé, nous avons répondu que ce ne pouvait être là une règle générale. Mais, dira-t-on, il y a pourtant une volonté exprimée dont vous devez tenir compte. Nous nous hâtons de répondre qu'il y a ici pour nous matière à une exception à notre règle générale. Notre avis est, en effet, qu'en cas de mutisme absolu des parties contractantes, c'est à la loi du lieu du contrat qu'on devra s'en rapporter (1). N'est-il pas naturel d'imaginer que, dans ce cas, c'est bien elle que les parties ont voulu suivre? Ne pouvons-nous même pas invoquer en notre faveur un texte qui, s'il a été fait pour l'interprétation des conventions passées en France, n'en est pas moins destiné à jeter la lumière dans une matière encore neuve et sur laquelle les législateurs ne se sont guère pro-

1. Voir en ce sens M. Weiss. D. I. P. page 636 et les quelques exceptions qu'il apporte à la règle.

La Cour de Cassation de Florence dans un arrêt du 2 février 1883, affaire Finzi contre Jacob, a admis cette solution, mais le lieu de formation du contrat est autre que celui que nous proposons, l'article 36 du Code de commerce italien décidant que le contrat entre absents n'est parfait qu'au moment où l'acceptation est arrivée à la connaissance du pollicitant (J. D. I. P. 1883 page 156).

noncés. Nous voulons parler de l'article 1159 du Code civil « Ce qui est ambigu, dit-il, s'interprète parce qui est d'usage dans le pays où le contrat s'est passé. Pourquoi n'étenderions-nous pas cette solution qui a de plus le mérite d'englober la plupart des cas possibles?

Mais la *lex loci contractus* admise, immédiatement une seconde question se pose ? Où sera formé le contrat ? Nous répondrons sans peine que c'est à l'endroit où l'acceptant se dessaisit de son acceptation : c'est là une application de la règle générale que nous avons posée sur la formation des contrats conclus par correspondance. Dans notre espèce, c'est donc la loi française qu'on appliquera, puisque l'acceptant Secundus habite Paris.

A cette règle nous donnerons pourtant deux exceptions :

1º Si les parties contractantes ont le même domicile, nous croyons qu'il est bien dans leur intention de suivre la loi du lieu de ce domicile. Ne sont-elles pas censées en effet connaître cette loi mieux que toute autre? A un contrat, par exemple passé, en Italie, entre un Français et un Anglais, tous deux domiciliés en Allemagne, c'est la loi allemande que nous appliquerons et non la *lex loci contractus*, c'est-à-dire la loi italienne (1).

1. M. Lainé à son cours.

2° Nous n'appliquerons notre règle, nous l'avons
dit, qu'en cas de silence des parties. Or il est un
cas où elles ont manifesté leur volonté ; c'est celui
où elles ont indiqué le lieu du paiement. Mais ce
n'est pourtant pas la jurisprudence anglaise qui est
ici notre mentor. Celle-ci, en effet, admet bien con-
curremment la *lex loci contractus* et la *lex loci solutionis*, mais elle n'est pas poussée par les mêmes raisons que nous et les solutions que nous donnerons
ne seront pas toujours conformes aux siennes. La
jurisprudence anglaise n'est pas guidée par une règle fixe dans le choix de telle ou telle solution. « Le
vrai sens d'un contrat présente, dit M. Westlake (1),
une question de fait dont, à la vérité, une loi qui
gouverne toute la matière d'un procès peut disposer
à sa guise, mais sur laquelle la jurisprudence s'est
sagement abstenue de dicter le choix d'une loi, dès
qu'il est possible d'invoquer des législations diverses. » Cette oscillation qui peut être fort capricieuse
de la part de la jurisprudence nous fait paraître ce
système dangereux presque au même titre que celui de M. Norsa. Le champ de ses variations est
moins étendu, mais il y a encore trop de place laissée à l'appréciation des juges.

Notre système a au contraire l'avantage de se pro

(1) *Loc. cit.*

une règle ferme, d'y apporter. il est vrai, deux exceptions, mais deux exceptions fortement établies et
dont l'application ne peut soulever de contestation,
d'éclairer en un mot les parties contractantes.

M. Surville (1) prétend que la question de la formation du contrat est étrangère à la solution à donner en cette matière. Cette question selon lui est de-
nuée de tout intérêt pour la détermination de la loi
appelée, au point de vue international, à gouverner
les éléments internes de formation, l'interprétation
et les effets du contrat.

Il recherche alors, d'après les circonstances du contrat, d'après son analyse, non plus quelle a été la
volonté expresse, mais bien quelle a été la volonté
tacite des contractants, la volonté tacite ramenant
comme la volonté expresse, dit-il, à la théorie de
l'autonomie de la volonté.

Ce système a beaucoup d'analogie avec celui de
la jurisprudence anglaise. Il est plus large que ce
dernier et l'inconvénient que nous avons signalé à
l'égard de celui-ci est peut-être plus considérable
encore chez lui. Pour M. Surville, c'est une pure
question de fait. Il laisse ainsi trop de choses à
l'interprétation des juges. Il ne pose pas en résumé, une règle fixe et à peu près invariable qui ne

1. J. D. I. P. Année 1891 page 361.

permettre pas des tergiversations sans cesse renaissantes. L'avantage du système de la *lex loci contractus* est d'établir cette règle et c'est là précisément la raison principale qui nous l'a fait admettre.

D'après M. Surville, quand un contrat par correspondance intervient entre concitoyens résidant à l'étranger, c'est leur loi nationale qu'il faut leur faire suivre, parce que, même s'ils avaient connu la loi du pays où ils ont contracté, les pourparlers leur auraient rappelé en tous cas leur loi nationale et c'est pour cette raison, qu'il faut la leur appliquer (1). Voilà un argument bien peu sûr ! Ces Français par exemple qui résident depuis longtemps à l'étranger, connaissent probablement parfaitement la loi étrangère et ignorent totalement la loi française et, c'est elle qu'en scrutant leur pensée M. Surville découvre qu'ils ont dû vouloir accepter. Il y a là une interprétation de volonté qui peut paraître au moins excessive.

S'il s'agit de contractants n'ayant pas la même nationalité, on recherchera toujours quel peut être le trait d'union entre les contractants et, ce sera la loi du pays qui semble devoir emporter leurs préférences qu'on devra suivre. Dans une dissertation fort savante, M. Surville examine plusieurs cas et

1. En ce sens, Douai 11 décembre 1891, J. D. I. P. 1892 page 928, et Gal. Pal (*loc. cit.*).

s'efforce d'y donner une solution conforme à la volonté tacite des parties (1). Parlant des doctrines contraires à la sienne et en particulier de celle à laquelle nous nous rangeons, il leur fait le reproche d'emprisonner le rôle essentiellement interprétatif du juge dans un cercle qui lui semble trop étroit. Ce reproche est loin d'en être un pour nous qui sommes d'avis qu'il faut limiter autant que possible ce pouvoir d'interprétation, comme nous avons essayé déjà de le démontrer.

Finalement dans le contrat conclu par correspondance, c'est donc, en général, la *lex loci contractus* qui nous servira à apprécier l'obligation dont est tenu le débiteur ; c'est d'après elle que seront tranchées toutes les difficultés qui pourront surgir à son occasion.

1. Tel est bien aussi l'avis de la Cour de cassation de Turin qui dans un conflit des lois italienne et allemande, a décidé que, dans un contrat entre absents, à défaut par les parties de s'être exprimées sur la loi à adopter, il y avait présomption en faveur de la loi de celui qui avait entamé l'affaire. Legge 1891, I, 159. J. D. I. P. 1891 page 1026.

CONCLUSION.

Arrivés au terme de notre étude sur le contrat par correspondance, il ne nous reste plus qu'à formuler un *desideratum*. Nous avons vu d'une part, combien étaient diverses les solutions de la jurisprudence française en cette matière, notamment sur la question de la formation du contrat ; tous les systèmes sont en somme admis par elle. Il y a là, en matière commerciale surtout un inconvénient des plus considérables : tant de variété dans les décisions amène l'incertitude et jette le trouble dans les affaires. Nous avons montré d'autre part que beaucoup de législations étrangères avaient arrêté définitivement et par des textes précis les bases de ce sujet si fertile en controverses, prenant résolûment parti pour l'un ou l'autre des systèmes. Les nouveaux Codes de commerce parus dans ces dernières années n'ont pas manqué de régler formellement la formation du contrat et les questions concernant l'offre et l'acceptation. Nous avons vu enfin qu'en Belgique, où aucun texte législatif n'est encore venu établir définitivement un système, où la jurisprudence, pour être moins divisée que chez nous, est loin de donner des solutions identiques, M. Laurent dans son projet de révision consacrait le système de l'information.

En France, il n'y a même pas un projet de loi sur la matière. Mieux vaudrait n'importe quel système que cette multiplicité de théories auxquelles nous sommes livrés ! Nous avons dit nos préférences pour le système de l'émission pure et simple ; nous nous sommes efforcés de montrer qu'en droit il était le plus rationnel, en fait le plus conforme aux intérêts et au développement des affaires. Nous émettons le vœu que dans un avenir très rapproché, il soit consacré par une loi et définitivement établi.

POSITIONS

Droit romain.

I. — Au début à Rome, le contrat *per nuncium* n'existait pas.

II. — Le principe de la représentation dans les actes juridiques n'a pas été admis, même sous Justinien, en matière de droits de créance, sauf en cas de tutelle et de curatelle.

III. — Le mariage à Rome se formait par le consentement des parties, corroboré par la mise de la femme à la disposition du mari.

IV. — Le lieu de formation du contrat *per nuncium* était celui où se trouvait l'acceptant.

Droit français.

I. — Le contrat par correspondance se forme à l'instant et au lieu où l'acceptant se dessaisit de son acceptation.

II. — L'offre, en droit français ne devient obligatoire

que par l'acceptation qui en est faite sauf le cas où le pollicitant s'est engagé à la maintenir pendant un certain temps.

III. — L'acceptation d'une lettre de change ne peut être donnée par lettre missive ou par télégramme.

IV. — Le contrat conclu par téléphone est un contrat entre absents.

II. POSITIONS PRISES EN DEHORS DE LA THÈSE.

Droit romain.

I. — Les actes faits par le tuteur n'exigent d'autres conditions que celles qui peuvent être inhérentes à leur nature ; les actes qu'il autorise exigent en outre les conditions spéciales de *l'auctoritas.*

II. — La compensation légale ne fut jamais admise à Rome même sous Justinien.

III. — La femme peut en s'obligeant *pro alio* renoncer à se prévaloir de l'exception du sénatus consulte Velléien.

IV. — La loi Furia n'est-elle pas de l'année 659.

Droit civil.

I. — La conversion de la séparation de corps en divorce ne va pas à l'encontre du principe de la chose jugée.

II. — Le règlement conventionnel ou judiciaire d'une servitude légale doit être transcrit.

III. — La nullité de la vente de l'immeuble dotal faite par le mari seul est fondée sur l'article 1599 et non sur les articles 1554 et 1560.

IV. L'hypothèque constituée pendant l'indivision, par un co-propriétaire sur sa part indivise, conserve son effet si l'immeuble ayant été vendu sur licitation, un étranger en est devenu adjudicataire. Elle est sans effet, au contraire, si l'adjudicataire est un co-propriétaire autre que celui qui l'a constituée.

Droit constitutionel.

Le vote plural pourrait être accordé aux citoyens pourvus d'une certaine instruction et ne serait pas contraire aux principes.

Procédure.

Lorsque la conversion est demandée à un tribunal autre que celui du lieu de la saisie, il doit se déclarer d'office incompétent.

Propriété littéraire et propriété industrielle.

I. — Les créanciers de l'auteur qui, ayant vendu seulement la première édition de son livre refuse d'en laisser imprimer une seconde, peuvent agir en vertu de l'article 1166 du Code civil et la faire publier.

II. — En matière de marques de fabrique et de

commerce, le consommateur trompé peut, comme le commerçant lésé, intenter une action en dommages-intérêts.

VU :
Le Président de la thèse,
A. BOISTEL.

VU :
Le Doyen,
COLMET DE SANTERRE,

VU ET PERMIS D'IMPRIMER :
Le Vice-Recteur de l'Académie de Paris,
GRÉARD.

TABLE DES MATIÈRES

DROIT ROMAIN

Du contrat per nuncium

DROIT FRANÇAIS

Du contrat par correspondance

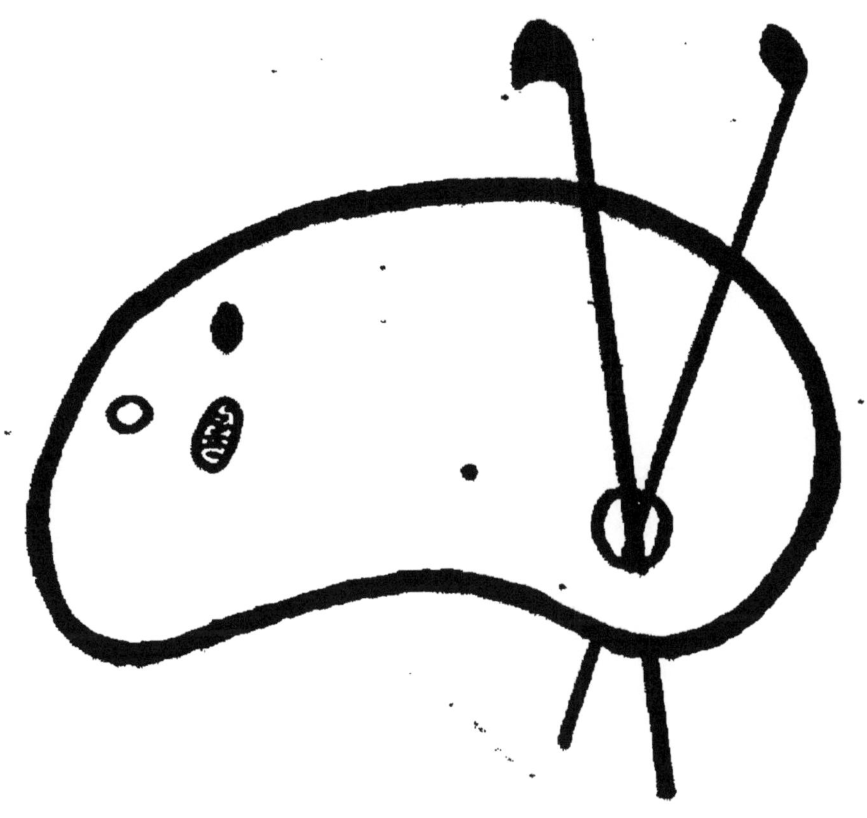